The Culture We Deserve

文化的衰颓
史学大师巴尔赞的12堂课

[美]雅克·巴尔赞 著 [美]阿瑟·克里斯托 编
Jacques Barzun　　Arthur Krystal

李小霞 译

漓江出版社
桂林

桂图登字：20-2019-219

THE CULTURE WE DESERVE:
A CRITIQUE OF DISENLIGHTENMENT by JACQUES BARZUN

Copyright: © 1989 BY JACQUES BARZUN
This edition arranged with Wesleyan University Press
through BIG APPLE AGENCY, INC., LABUAN, MALAYSIA.
Simplified Chinese edition copyright:
2021 LIJIANG PUBLISHING HOUSE
All rights reserved.

图书在版编目（CIP）数据

文化的衰颓：史学大师巴尔赞的12堂课／（美）雅克·巴尔赞著；（美）阿瑟·克里斯托编；李小霞译. -- 桂林：漓江出版社，2021.3
书名原文：The Culture We Deserve
ISBN 978-7-5407-8886-5

Ⅰ.①文… Ⅱ.①雅…②阿…③李… Ⅲ.①现代文化—世界—文集 Ⅳ.① G11-53

中国版本图书馆 CIP 数据核字 (2020) 第 108495 号

文化的衰颓：史学大师巴尔赞的12堂课
WENHUA DE SHUAITUI: SHIXUEDASHI BAERZAN DE 12 TANG KE

［美］雅克·巴尔赞 著 ［美］阿瑟·克里斯托 编
李小霞 译

出 版 人　刘迪才
策划编辑　符红霞
责任编辑　林培秋
装帧设计　柒拾叁号
责任监印　黄菲菲

出版发行　漓江出版社有限公司
社　　址　广西桂林市南环路22号
邮　　编　541002
发行电话　010-65699511　0773-2583322
传　　真　010-85891290　0773-2582200
邮购热线　0773-2582200
网　　址　www.lijiangbooks.com
微信公众号　lijiangpress

印　　制　香河县闻泰印刷包装有限公司
开　　本　880 mm×1230 mm　1/32
印　　张　9.5
字　　数　200千字
版　　次　2021年3月第1版
印　　次　2021年3月第1次印刷
书　　号　ISBN 978-7-5407-8886-5
定　　价　58.00元

漓江版图书：版权所有，盗版必究
漓江版图书：如有印刷质量问题，可随时与工厂调换

目录
CONTENTS

作者序 _1

文化：曲高和寡 _001

无解的难题：为艺术提供资助 _031

查询！核实！ _053

历史在何处？ _077

批评家有什么用？ _101

时间、地点都要考虑 _119

目录
CONTENTS

相对主义的怪物 _141

渐渐"退场"的人文科学 _175

过剩的艺术 _193

单一原因谬误 _207

为败坏语言颁发许可证 _231

面向 21 世纪 _259

文献注记 _293

作者序

在出版商的建议下，我同意把几篇在20世纪80年代撰写的有关当代文化的文章编撰成集出版。我有幸得到了阿瑟·克里斯托（Arthur Krystal）的大力协助。他既是批评家又是有经验的编辑；他协助我准备文稿，并亲自监督出版，使我轻松了很多。另外，卫斯理大学该项目的发起人珍妮特·霍普金斯（Jeannette Hopkins）仔细阅读和勘校了本书。根据他们的建议，我删除了一些时局性的典故、不必要的重复、文字上的歧义以及课堂用语的痕迹。我由衷地感谢这些朋友把我从这些事务性工作中解放出来，并提出明智的改进意见。

不过，本书各章节的顺序安排，则是由我独自承担的。我把表面上围绕着同一主题的文章分开放置，并不编排在一起。这样分开放的目的，是要引出交叉隐含的联系，切断明显的关联。所以，前三章讲的是当前对文化产品的处理方法；而后四章论证了社会的自我意识；之后两章，批评了在大学里教授的关于人文（the liberal arts）和艺术（the fine arts）的态度；最后三章反思了文明正在衰落的各种令人信服的迹象。

文化的本质是融会贯通。从文化的各个部分看去，探究者都可以发现文化与看似遥远的其他部分之间的联系。如果读者从我的描述中，能够发现这个覆盖范围宽广的视角得到了进一步的强化或扩展，那么这些文章出版的目的就达到了。

大约四十年前，有些人为了做生意或者是为了消遣，去了飞岛国（Laputa）。他们回来后开始看不惯一切东西，计划革新所有的艺术、科学、语言和机械。为此，他们获得了皇家许可，在拉格多建立了设计研究院。研究院的每个房间都有一位或多位设计师。我遇到的第一个人八年来一直想从黄瓜中提取阳光。

——斯威夫特（Swift）
《格列佛游记》（Gulliver's Travels）第三卷，第4-5章

　　为什么过去的愚昧结束于现在，而不是以后？为什么现代智慧从现在开始，而不是更早？我们因先前的愚昧过得更坏了吗？因后来的智慧过得更好了吗？

——弗朗索瓦·拉伯雷（Rabelais）
《拉伯雷文集第五部书》（Book V）前言

　　颓废的成因是：做过于轻松的事情，过于懒惰而无法做好事情，欣赏太多艺术，喜好怪诞异常的东西。

——伏尔泰（Voltaire）
《巴比伦公主》（The Princess of Babylon）

文化：曲高和寡

如今,"文化"(culture)一词已经有了太多不同的含义,给敏锐的读者造成了一定程度的困惑。这个问题源自人类学家使用"文化"一词指代某个部落或者某个群体的全部信仰和行为模式。其实,"社会"(society)这个词是现成的,但它似乎被社会学家抢先占用了;而新兴的学科希望拥有自己的术语。公众从人类学家那里学来"文化"这个词,无所不包地用在各种场合。比如,艺术家"受到其文化的制约"(这里是指社会环境),同时又反抗自身的文化(这里的意思是某种信仰和习俗)。此外,文化(这里说的是社会规范)使人神经紧张——而这些人无力与文化对抗。在各种各样的曲解下,没过多久,"文化"一词就像原子一样分裂了,于是我们被迫应对"双重文化""反主流文化""民族文化",以及各种各样的亚文化。如今,文化可以指代任何一种你喜欢或者不喜欢的社会现实。

在本书的讨论中,我所定义的文化是思想和精神的传统,是通过思考获得的兴趣和能力;简单来说,文化是提高自我修养——过去称为"培养"(cultivation)——的种种努力。马修·阿诺德(Matthew Arnold)在《文化与无政府状态》(*Culture and Anarchy*)一书中所使用的就是这种原始定义。它显然是一个比喻。"culture"(文化)一词来自"agriculture"(农业)——耕作土地,播撒种子,然后收获有营养的作物。当我们说一个人"有文化(culture)内涵""是个有修养(cultivated)的人"时,就是指这个意思。这里暗藏的意思是,懵懂无知的人性经过翻犁,播下良善的种子;通过这番努力,人性的潜能得以实现,良善的种子得以开花结果。

既然"文化"的含义已经不再明晰,为什么不直接说"受过教育的人"呢?这是因为,"教育"这个词和文化一样,也被滥用了。对这个词所遭受的类似苦难,就不在此赘述了。今天,任何人只要在自称是教育机构的地方拿到一纸文凭,就都算是受过教育的人;而中小学的教学活动与前者大相径庭,也被称为"教育"。人们已经忘记了"培训"(instruction)和"教育"(education)的区别,我们经常听到,学生在这所学校或者大学里接受"教育"。

"文化"和"教育"这两个词被太过滥用,而我关心的事情无法用它们说明。文化和修养是指那些接受了读写训练后,克服

文化:曲高和寡　003

重重困难，启迪心智、进行自我教育的人所具有的品质。每代人中，有人天生喜欢这样做，正如有人天生就喜欢体育锻炼、强身健体一样。不过，对于其他人而言，适当的鼓励也会让他们产生同样的愿望；通过历练，相比于原来的自己，或变得身体强健，或变得富有修养，或同时具备这两种品质。

不管出于什么原因，如果想弄清文明——不管是现代文明还是古代文明——的这一组成部分，我们可以猜测一下渴望启迪心智、进行自我教育的人占总人口的比例，然后再去看看为各种所谓的"文化"提供服务的机构。很明显，文化的内容经历数百年的积累后，没有哪个人——其实是没有哪一代人——能把它完全继承下来，更别说完好无损地传递下去了。要做到这些，就需要特殊的保护和存储手段，所以才出现了图书馆、博物馆、歌剧院及其他诸多机构，目的就是汇集文化成果，延续文化娱乐，繁荣文化建设。

随着岁月的流逝，越来越多的文化成就需要收藏、分类、归档、查阅和传授，以及发现、铭记和欣赏。在今天的西方社会，我们持续不断地进行文化建设及保存工作已达500年之久，并不停地从其他文明获得大量的同类材料。此外，那些远古时期的珍贵发现还在持续增加：我们有古巴比伦人写下的颂歌，有古埃及人创作的情诗，还有石器时代克鲁马努人的洞穴岩画。毫无疑问，海底勘探活动很快会告诉我们，海妖塞壬到底对奥德修斯吟唱了些什么。

谁也不会否定，我们是怀着深深的敬意，高效地处理这些与日俱增的财富的。19世纪确立了对艺术的崇拜和对历史的热情，我们开始收集一切东西，而且——用专业的行话来说就是——"发挥了它们的价值"。我们对文化的关注也不局限在故纸堆里，而是弘扬现代观念，鼓励年轻一代。街头音乐、绘画、戏剧演出、诗歌朗诵，以及写作研讨班遍地开花、蓬勃发展，这不仅要归功于人类天性中的渴望，也要感谢个人资助和公共拨款。乍看之下，文化得到了高度、真实的发展，甚至挽救了这个深陷战争、屠杀，以及执政能力衰退的世纪。

然而，请恕我冒昧，我认为，从质量上讲，文化——也就是修养（cultivation）——正在衰颓。各种文化领域的努力，包括所有的收集、展示、表演和促进活动，在公众和个人的善意支持下发展和传播——这些努力做得越多，文化的衰颓就越严重。太过丰富的内容会分散人们的注意力，使他们没有时间去消化和沉淀这些体验，这是饕餮盛宴的一个重要缺点。但原因远不单如此，还有一个更深层次的原因，可以用一个词组来概括："自我意识过剩"（self-consciousness）。

首先，现代社会对"文化艺术"高度关注，并且总把它挂在嘴边，成了一个口头禅，意思是"声望和金钱"。纽约州参议院有一个文化产业特别委员会，毫无疑问这并不是个例。个人以及公共资金在经济体的这个角落进进出出、潮涨潮落。艺术家和艺术爱好者对他们这个特殊利益群体所遭受的忽视永远愤愤不平，自我意识过剩就写在脸上。我们投身艺术，念念不忘要在美学上做出成就，但紧跟在后面的却是那些喜欢用数据说话的人。假如有位外星访客出现在校园或者某个艺术家聚会的场合，问任何一位见多识广的美国人："告诉我，在你们国家，我怎么才能找到高雅文化最有力的证据？"得到的回答很可能是："到我们的大学去吧，不过也别忘了去看看我们那些伟大的博物馆、图书馆和音乐社团，再读读我们的文学季刊。"我敢肯定，他首先提到的一定是大学；而且我还敢肯定，那个回答的人还会列举一大堆"机构"，而不是个人或各种广为人知的圈子，那些自发形成的群体。

这里暗含的假设是，在这些学术及其他机构中，负责人都是有修养的男女，能够向一个局外人介绍西方文化的现状。这听起来似乎很有道理，但我认为，这位远方的客人在他的寻访过程中恐怕会一再失望。他可能会碰到非常睿智的人，这些人往往学富五车，献身于某一特定的艺术"理念"，致力于它的学术研究、表现形式或批评理论，而且还有管理事务的实际能力；但他太过忙于具体的文化事务，无暇再提高自己的修养。如果谈话超出了他熟知的领域，他会立刻谦虚地把问题推出去："哦，这个问题你得问琼斯，他是音乐理论家。"（或者"罗宾逊，他可是印刷和雕刻馆馆长"，或者"史密斯，他是专门搞戏剧的"。）

我并不是在重提众所周知的"专门化"（specialism）问题；我要说的是专门化背后隐含的问题，而这些问题往往很少有人注意到，或者很少有人说出来。它就是：通过专门化，文化被"委托"给了一个个专家，成了各类专家的事，不再是一个人通过参与其中来完善自己灵魂的东西了。一个显著的后果就是，对于这种割裂，每个人都深表遗憾，但没有一个人采取实际行动。专家在他的领域内研究一个小课题，然后一辈子就局限在这个领域了。还有更糟糕的事，文化被分门别类以后，艺术和人文学科的重要性有了新的支点。它们的价值不再体现在对头脑和心灵的直接影响上，而是体现在职业道路上，体现在作为谋生手段、荣誉勋章、市场中的商品、文化产业的组成部分上。

有人可能觉得我说的某些情况并不属实。确实，任何人都可以参与到任何文化中来。事实上，有十几种方法可以让业余爱好者轻松、顺利地参与其中。但是，正是在这些文化守护者的帮助下，在他们那些鼓舞人心的案例的影响下，业余爱好者很快变成另一个专家，另一个"某领域"的专业人士。绘画收藏者对他的藏品了如指掌；室内乐演奏家可以滔滔不绝地谈论弦乐四重奏的文献；你会发现，简·奥斯汀（Jane Austen）的粉丝成了知名的小说解读家，却对狄更斯（Dickens）一无所知。同样的情况也出现在芭蕾舞、电影、雕塑和建筑领域。或者换个角度横向比较，在古代、中世纪和其他年代，情况也是如此，不同风格和流派的专家，彼此都互不了解。人们表现出来的兴趣基本上和文化无关，它不是为了自我修养，而是——用社会学的术语说——一种消遣活动，就像当棒球迷。这种消遣会堆积出大量的事实性知识，而且都是些不肯轻易示人、留着卖弄的知识。有个例子很能说明这件事：据说，有300多个作家协会，每个协会都只研究一位作家。协会的成员几乎全是业余爱好者。他们做研究，开会讨论学术问题，然后不可避免地——出版学术通讯。

对于这种处理文化事务的现代方式，也许有人会问，我为什么要说它是"自我意识过剩"的可悲迹象呢？也许有人会说，那些缺乏资金扶持的各类艺术在大学里找到了庇护所；为了服务知识渊博的受众，相应的机构变得越来越专业；政府和各种基金会建立了"项目扶持基金"体系，以满足公众的需要；文艺票友们懵懂之中已然入彀。所有这一切都是慢慢发生的，没有人预见到后果或者发出警告。事实上，很多人并没有意识到发生了什么，觉得一切都很自然。对整件事情有着清醒认识的是藏在努力背后的狂热野心。这些项目是在他们制定的规则和定义下运行的；他们在系里开设了附属专业——某位男士讲19世纪的历史，某位女士讲文艺复兴，某位研究弥尔顿（Milton）的学者每周一、三、五上午十点来上课，论证那位诗人作诗的方法如何正确合理。依靠这种循循善诱的系统化枷锁，再加上选课制度，就形成了这样的原则：每个人，必须在某个时候——通常是在大学里——吃下一剂精心准备的配方药丸。

你可以去看看广告商在《时尚》（*Cosmopolitan*）杂志中描绘的女性形象，这种处理文化事务的体系对公众的影响得到了生动的体现。她大谈特谈自己的生活，她的话让我们一窥大众思想中的一个重要部分。这是她最为典型的一个想法：

> 对一个女孩来讲这样会不会"太"忙了？我要在普林斯顿大学读17门课，要利用休假和学校放假的时间发展个人事业；我一有空就学习唱歌和跳舞，千万不能和我那五个最要好的闺蜜失联；我要挤出点时间听迈克尔·杰克逊（Michael Jackson）的音乐，看托马斯·哈代（Thomas Hardy）的小说；我在为一个保护儿童远离毒品的项目工作；哦，对了，我还养了三匹马、三只猫、两只鸟，还有我的狗狗，它叫杰克；我最喜欢的杂志上说，"太忙"的意思就是你可不想错过任何事情……我超爱那本杂志。我猜你会说，我就是那个"时尚女孩"。

大学毕业后，人生步入正轨，迈克尔·杰克逊可能会退居幕后，而托马斯·哈代占据上风，引导她进入我前文说过的那种票友身份。从某种意义上说，学术研究圈子和大学又将赢得一个新人；也可以这样说，大学教育完全失败了，17门课加起来等于零。

但是，不管这围墙是真实的还是象征性的，文化生活真的不能脱离大学的范围吗？几乎不能。学术思想打造出的产品从四面八方冲击着公众的心灵。在绘画和雕塑展上，各种解释和评价通过语音导览或作品旁边张贴的文字讲解传递给大众；在音乐会上，听众做的第一件事就是阅读节目单说明；除了最新的书籍，所有图书都提供了导读和注释；参考书和正式读本几乎一样多——各种手册、摘要，每一门学科都有各种配套字典，它们都在以"胶囊药丸"的形式提供信息。

枯燥乏味并不是唯一的问题。过去，谦逊好学的读者通过阅读历史提高自己的修养，既满足了好奇心，又丰富了想象力。好的历史著作也是文学的一部分。而如今，这部分文化资源已经枯竭，它早被分门别类地委托给专家了。历史学家不再为公众写作，转而为圈内人士写作。最近，他们那些狭窄的关注点又从历史转到了社会学、精神病学上，很少讲故事了。这样的话题不可能吸引一般的读者。读者很可能会回来阅读传记，毕竟传记仍然是一种受大众欢迎的体裁。然而，传记不是一篇回顾性的精神病学诊断报告，它往往只是一堆未经整理过的细节，充斥着从死者生前的朋友和敌人那里收集来的八卦。

哲学是另一种适合自我修养的思维训练，以前也对非学术人士开放。那些重大问题并没有失去它们的魅力：存在与长成，知识与感觉印象，真理的检验与常识的矛盾。然而，如今的哲学家不再为聪明的读者写作，他们只为同行写作。全世界寥寥几千位哲学家一点也不节省：他们维护着70多种学术期刊，但没有几种涵盖一个以上的哲学分支，而且任何哲学家在每本期刊里能读懂的文章都不过一两篇而已。这种闭门造车的情况源自这门学科中的"技术问题"。自威廉·詹姆斯（William James）、罗素

（Russell）和怀特海（Whitehead）之后，哲学就像历史一样被学术界垄断，被关了起来，生怕被那些想拿它来修身养性的人污染。

我并不想责难任何对智力的诚实运用。我只是想对比隐约其词的主张与实际的结果、专门化的做法与最终的表现之间的差别。这种差别和个人的过失无关，而是由于世界的潮流和时代在前进所造成的错觉。当我们相信，学术研究在为文化及人文学科服务时，我们就错了。事实上，艺术和文化不属于大学，大学不是它们的家。因为文化和学术研究在本质上是完全对立的。回想一下我们现在所知的学术研究的起源，它开始于文艺复兴时期。那时，人们修订古代典籍，希望得到清晰、正确的版本。在19世纪的大部分时间里，学术研究的主要内容一直是考证文本、修订语言。这让我们想起了尼采（Nietzsche）在1885年用"Wir Philologen"（我们这些语言学家）作为某本书中一章的标题，意思就是在说"我们学者"。

文本考证的方法和规范超出了它们最初的领域，扩展到其他学科当中，特别是历史编纂。从这里开始，这些方法自然而然地、一步一步地走进自然科学和社会科学当中。随着这些方法的普及，学术习惯变得大众化起来。如今，人们在周刊、参考书、其他的商业学术机构及政府的文件中，都会遇到一大堆虽然精确却毫无必要的脚注。

不管用得恰当与否，在所有这些工作中，学术研究的初衷没变，那就是"分析"（analysis），即为了得出结论而对某一对象进行细致入微的调查研究。这些结论必须要有论据支持，而且还必须考虑到前人的论据，也就是该课题的"文献"。显然，随着分析越来越多，文献也越来越多，后人能处理的课题也就越来越少。换句话说，术业有专攻是不可避免的；结果，先有了实践工作中必要的术业专攻，又有了事事"专门化"的思维状态。

在这一过程中，也许会有有识之士提出质疑，认为不能把文化成果纳入学术研究，也就是专门化的范畴；不过，自然科学的成功会立刻推翻这些质疑。在自然科学里，研究对象不仅要分门别类，而且好像可以无穷无尽地分下去。通过数学运算，通过普遍适用的公认原则，通过大自然本身永恒的统一性，世界上的万千碎片可以很容易地重新组合在一起。因此，伟大科学成就的副产品就是，如今每个人从孩提时代起就养成了习惯，渴望且只相信分析得出的结论。最好的头脑都变成了分析引擎，随时可以对任何材料进行分析。

那么，"分析"这个词究竟是什么意思？这个词在希腊语中的意思就是：分解。专门化和分析这二者是相辅相成的；它们是处理问题时在不同层面上的相同过程——你先分解整个领域，然后再进一步把它分解成更小的部分，直至永远。分析的目的是为了说明大东西是由什么小东西组成，而这些组成部分是如何结合在一起形成整体的。唯一的困难是判定这些组成部分都是什么，以及什么时候能掌握所有的类别。如今，核物理学家似乎正是在一个可以无穷无尽分解下去的领域中搜寻各种组成部分。

但是，人类的大脑，既可以用分析的方法创造科学，也可以用一种完全不同的方法工作。法国数学家兼哲学家帕斯卡（Pascal）早在350年前就指出了这一点。他把分析的方法称为"几何学倾向"。用它可以处理一些简单的东西，比如角度、直线、原子和分子压力。说它们简单，是因为它们有明确的定义，而不是因为人们熟悉它们。我们对它们中的大多数都不熟悉，有些东西甚至摸不到、看不着；但由于它们有明确的定义，不会在人们谈论的时候发生改变，因此可以用数字来表示它们。这样，数学及其他一些原理就为处理这些简单明了、不可更改的事物提供了规则。

大脑的另一种用法、方向，或者说倾向，就是帕斯卡所谓的"esprit de finesse"——我们可以称之为"直观见解"（intuitive understanding）。它用完全相反的方法研究问题。它不分析事物，也不把事物分解开来，而是通过审视（inspection）来抓住事物的整体特征。在这类审视中，没有可定义的部分，没有要计算的东西，所以也就没有可以应用的固定原则。人们从经验中直接得出见解。而且，因为经验缺乏定义、原则和数字，这种见解就不容易直接传达给他人；它只能通过类比（analogy）的方法，也就是打比方，暗示给他人。因此，对于这些对象以及它们的意义，人们就不可能形成普遍的共识。

由此可见，构成文化的各种事物是需要用心灵的细腻感知（mental finesse）来理解、记忆和欣赏的。它们是一个整体，需要人们去审视，而不是分析和测量；它们缺乏可以定义的、不可改变的组成部分。

有人可能会说："可是这与实际情况不符！诗人和作曲家自己都把自己的作品分成好几部分。歌德（Goethe）的《浮士德》（Faust）有第一部和第二部。贝多芬（Beethoven）的交响曲不仅有四个乐章，而且每个乐章还能划分成更短的主题；另外，这些乐章在任何时候都能划分出高音部和低音部，第九交响曲最后一个乐章甚至有八个声部。绘画和雕塑也是如此，我们都能看到、找到它们的组成部分。"这些都是事实，但只是在打比方意义上的事实。实际上，这些部分无法独立存在。《浮士德》的第一部需要和第二部放在一起看才能完全理解——不过，这个评论家话音未落，另一个就会跳起来说："一派胡言！第一部完全可以独立出来。第二部充斥着胡编乱造的情节，破坏了这部真正杰作的影响力。"他还引经据典，拿出各种证据来证明这一点。前一位评论家也不甘示弱，继续论证自己的观点。而我们作为旁观者，就被夹在这些评论家的混战当中。几乎每个评论家和学者都可以证明自己的观点，而且没有哪两种观点是完全一致的。

上文对一件艺术作品各持己见的争论还是相当初级的。现代学术研究的精微之处远远超越了这些，已经不再是对这种简单事物的价值和质量做出肯定或者否定的判断了。文学研究仍然执着于文本，但是，因为相信分析的作用，人们发明了一系列所谓的方法来研究文本。有的追根溯源，找出作者曾受过哪些影响，指出伟大的作品是如何像拼图一样拼在一起的；有的分析主题，发掘作品"真正"说了些什么；有的探寻神话和象征元素，挖掘字里行间的深意；有的用马克思主义或者其他社会学的方法来证明资本主义、维多利亚时代、男权统治甚至生活本身是多么邪恶；有的干脆用精神分析法，要弄清楚是什么驱使一个艺术家像可怜的木偶一样写作或谱曲。不久前，一位懂音乐的心理分析学家对巴赫（Bach）的30段《哥德堡变奏曲》（*Goldberg Variations*）进行了解读。接着有人希望他能解读一下凯瑟林伯爵（Count Keyserling），因为这些变奏曲是他委托巴赫谱写的，这位伯爵每天晚上让巴赫的学生哥德堡为他弹奏这些曲目，助他入眠。

文学研究中的这些分析方法还有外力辅助，那就是批评理论。既然艺术是一个整体，那么它的所有流派自然都应该遵循某种理论，就好比发动机的性能都应该遵循热力学原理一样。我们有喜剧理论、悲剧理论、讽刺文学理论和抒情诗理论。此外，还有各种文学批评理论：新批评理论，通过逐字逐句地阅读来确定比喻是否"起到了作用"；结构主义批评理论，用来评测各部分的协同性和彼此之间的依附性；解构主义，它似乎在说，真正的作者是作者使用的语言，而真正的作品是坐在扶手椅里阅读的读者。

在大学里，各种研究方法如雨后春笋般涌现。这并不奇怪。因为大学的义务是教学，任何学科都必须以系统化的方式呈现出来，才能教给学生，所以必须利用定义、原理及方法来形成基础，打牢根基。我用文学研究举例，因为我们最熟悉它的研究方法，但其他领域也有对应的方法。艺术史总喜欢钻研图解——诠释一幅画中的象征符号，或是在其他绘画、文学作品中寻找来源和相似之处。音乐理论分析音乐的风格，按乐器技法分门别类，或者用各种方法检验乐曲的完成度，比如申克尔分析法（Schenker analysis）。一位著名的分析家说，贝多芬《英雄交响曲》（*Eroica*）第一乐章中的缺陷很容易弥补，这能让作品变得完美无缺。一位业余爱好者惊讶地问："如果贝多芬给你打电话，问起你说的这个地方，你真的会告诉他应该怎么做吗？"那位分析家答道："是啊，我肯定会的。"

在这些五花八门的研究方法中，科学的魔咒显而易见——科学用它的自信和发现真实知识的承诺对我们产生了不可抗拒的吸引力。学术研究已经臣服于科学。但是，我再重复一遍，文化对象是无法分解的，也无法被几何学的头脑所理解。伟大的艺术作品之所以伟大，正是因为它反映了整个世界的综合情况；它将形式和内容结合成一个不可分割的整体，所以才被称之为艺术；它提供的不是"谈资"，也不是什么需要破译的密码，而是对心灵的一种长久的刺激。所以，利用学术研究向年轻人介绍这些作品，这本身就是自相矛盾的做法。

如何将大学教学与追求真正的文化这两者融合在一起，在前几代人那里没有答案。因为"研究"文学作品，"研究"前人艺术的理念是不久前才有的事。直到19世纪50年代，还没有讲授这些主题的课程，它们也根本不是什么"学科"。甚至当这些学科问世之后，人们也不过是希望它们成为科学和政治经济学的解毒剂，并没有人觉得当代艺术和文学应该或者说可以被人研究。当时人们觉得——这种感觉非常正确——很难指出哪些当代艺术家值得特别关注。而且人们相信，无论这些艺术家的作品是好是坏，大众去阅读和关注它们都只是为了消遣和精神上的需要，而不是为了学分。事实上，那时人们希望伟大的、具有创新精神的艺术家能直接打动年轻人——他们会私下阅读他的作品，或是听他的音乐，或是去某些偏僻场所欣赏他的绘画。这些年轻人从不循规蹈矩，他们不是通过他人教授来感受最新的文化，而是通过第一手的经验来感受。

但如今的现状却是，新的作品被带到校园，"尸体"未等冷却就惨遭解剖。年轻人无疑喜欢和"最新"的时髦产品"搭上钩"，但由于必须要用各种方法来研究它们，这种乐趣变得索然无味。至于那些早期的经典作品，在体会它们的传承感以及和当今作品的差异时，由于作品年代久远，加上被分析方法破坏了完整性，在这样的双重干扰下，这种体会更是大打折扣。可以肯定的是，如果经一位有修养的人加以指导，一切都会不同。但公平地说，现在的学生，"主修"英美文学研究或是其他什么专业，在指定他们研究的作品中，根本碰不到什么自我修养方面的内容。读乔治·艾略特（George Eliot）是要了解"女性的困境"，或者流水的意象；研究后印象派是为了证明社会的肮脏以及个人的异化；钻研奏鸣曲这种音乐形式的兴衰，是要阐明1830年后就不应该再创作音乐了。

在研究生院，我们看到文化迈向产业化的最后转变。"要么发表，要么发臭。"（Publish or perish.）在这种观念下，文化原材料中的每一块碎片都被加工成产品，来换取声望或者升职。成功的标志就是能够按照学术界公认的方法处理原创的话题。在探寻各种"发现"时，在像物理学家那样讨论各种"模式"时，充满热情的学术工匠只能按照别人教给他的那种思考方法来教学和写作。下面是一所顶尖大学给本科生出的一道关于乔叟（Chaucer）的考题：

> 相比外围/核心模式[Satellite/Kernel Model,例如，西摩·查特曼（Seymour Chatman）以及罗兰·巴特（Roland Barthes）的]，行动模式[Action Model,例如，图恩·凡·戴克（Teun Van Dijk）的或杰拉尔德·普林斯（Gerald Prince）的]是否能够更准确地揭示《骑士的故事》（*The Knight's Tale*）的叙事结构？你可以提供另一种叙事观点，例如利奥·博萨尼（Leo Bersani）或彼得·布鲁克斯（Peter Brooks）的精神分析"投射法"。

涉及学术出版物时,情况也大致如此。以下是某大学出版社的典型书目:《走进弗洛伊德的文学理论:分析拉辛的〈费德尔〉》(*Toward a Freudian Theory of Literature: With an Analysis of Racine's Phèdre*),《恋物癖与想象力:狄更斯、梅尔维尔、康拉德》(*Fetishism & Imagination: Dickens, Melville, Conrad*),《肉体的自我:梅尔维尔和霍桑的身体寓言》(*The Corporeal Self: Allegories of the Body in Melville and Hawthorne*),《梅尔维尔的形式主题》(*Melville's Thenatics of Form*)(可怜的梅尔维尔!像圣塞巴斯蒂安[1]一样,成了各种研究方法的箭靶子),《小说中的女性形象表现》(*The Representation of Women in Fiction*),《浪漫主义母亲:浪漫诗歌中的自恋模式》(*The Romantic Mother: Narcissistic Patterns in Romantic Poetry*)。一位学者在介绍另外一本书《斯威夫特的风景》(*Swift's Landscape*)的时候,很好地表达了这一反复出现的主题:"本书通过深刻的修正性研究,使我们对18世纪文学和美学理论相关的景观概念做出了全新的评估。"

这段话适用于成千上万本这样的书——它们是深刻的修正性研究,而且我们必须重新评估。重新评估什么呢?不外是仅有寥

---

[1] 圣塞巴斯蒂安(Saint Sebastian, 256—288),天主教圣徒。古罗马禁卫军队长,在天主教教难时期被罗马帝国皇帝戴克里先下令乱箭射死;但传说他奇迹般地没有死,成了圣徒。欧美的宗教画上,圣塞巴斯蒂安的形象往往是被绑在柱子上,身中数箭的样子。

寥几个学者知道的那些早年提出的理论。具体到这个例子,这个理论究竟是什么呢?是文学吗?不是,而是18世纪美学理论中的景观概念。这个概念是某些人运用分析方法,从诗歌和其他文学作品中分析出来的。它以前并不存在。人们完全可以质疑那些诗歌中是否有这个概念。它并不在那些诗歌作者的脑子里——作者只是看到或是记得那些真实的风景。如果这个概念既不在诗歌里,也不在作者的脑子里,那它在18世纪也不存在。

换句话说,如今的现代学术所研究的素材甚至都不是作品本身了,而是一种奇怪的复制品,一种为了研究方法专门生产出来的复制品。学生们除了这种抽象的复制品以外得不到任何东西。人们会说,他们是用这样或那样的"方法"自娱自乐,根本没有搞什么实在的东西。我们都知道体系和术语对年轻人的吸引力有多强烈,也能猜到老师不停地灌输这些教义,并通过考试要求学生不断反刍,会给学生带来多大的压力。研究生或本科生对作品的任何心灵感触都被搞得处于休眠状态,或者被转移到分析方法的细枝末节上了。

但是,在过去的年代里,大学又取得了什么成就呢?把那些年代理想化也是不行的。学校和大学从来都不是讲究效率的地方,人们应该根据它们的目标和课程安排来评判它们,而不是通过取得的结果来判断。因为结果在很大程度上是巧合,需要称职的老师恰好碰到聪明的学生。在约翰·W.伯吉斯[1]的自传中,有一个重要情节讲到了过去的年代对于文化的看法。伯吉斯是美国研究生院的两位创始人之一。18岁的时候,他参加南北战争,为北方而战。年轻的他下定决心,如果能活下来,他就去学习法律和政府管理,看看用知识和智慧能否避免战争。

大学毕业后,他去了德国,师从历史学家蒙森(Mommsen)和兰克(Ranke),以及物理学家赫姆霍兹(Helmholtz)。之后,他回到马萨诸塞州的阿默斯特学院(Amherst College)任教。为了实现自己的抱负,他又去了巴黎,考察当时的巴黎自由政治科学学校的运作。回到美国后,他加入当时的哥伦比亚学院(Columbia College)法律系,并很快说服董事会,建立了政治学院。时值1880年,这是全美第一所研究生院。在治学模式上,它部分模仿德国,部分模仿法国,制定了两个明确的目标:一是培训可以从事研究工作的教师,二是从思想上培养未来的政治家和公务员。这里可没有什么关于文化的胡言乱语。不管是不是意识到了,但伯吉斯知道,大学从来都是而且应该一直是培训专业人才的中心,而不是传播文化的中心。他认为理所当然的是,申请这个学校的人,应该已经完成了"通史和总体文学的学习"。

"通史"和"总体文学"这两个短语是什么意思呢?"通史"是指自古希腊以来西方文明发展的大致脉络,包括和非洲、亚洲

---

1 约翰·W. 伯吉斯(John W. Burgess,1844—1931),美国历史学家、政治经济学家,生于田纳西州。

的交流,包括欧洲在美洲的扩张。至于"总体文学",它主要包括古希腊和古罗马作家的主要著作——要研习原著语言的版本,再加上一些最著名的现代作家的作品,包括英、法、意、德这四国的作家。这些作家作为一个群体,按照当时批评家们的意见,人数并不多,但对每个学生来说都是一样的。你会发现这里面诗人比较多——莎士比亚(Shakespeare)、弥尔顿、莫里哀、拉辛(Racine)、歌德、席勒(Schiller)、但丁(Dante)、彼特拉克(Petrarca)、阿里奥斯托(Ariosto)和塔索(Tasso)。

当时的近代作品就是这些。我们所说的"近代"作家,是指丁尼生(Tennyson)和布朗宁(Browning)、狄更斯和萨克雷(Thackeray)这些人,他们的作品在1880年只能自己去读。同样地,当时再往前一两代人的小说家和诗人——菲尔丁(Fielding)、华兹华斯(Wordsworth)、柯勒律治(Coleridge)、拜伦(Byron)、司各特(Scott)、简·奥斯汀——也是如此,他们的作品直到很久以后,在系统化、分析性的文学研究蓬勃发展起来以后,才成为课堂上讲述的经典。更早的时候(1750年以前),莎士比亚全集的对开本在耶鲁大学图书馆是被列为"消遣读物"的;到了1850年,人们对莎士比亚作品的态度才变得郑重其事起来。此后,在大学里阅读任意一部莎士比亚戏剧,都会有注释手册,解释其中难懂的段落,并引出道德教训。里面可能有作者的生平和历史背景介绍,还可能将作者和古希腊剧作家进行比较,还要引用亚里士多德(Aristotle)的《诗学》

（Poetics）。但仅此而已。这相当于初学者的某种训练，边阅读边反思。阅读不仅是对情节的好奇，而且是为了自我修养的提升。

古代经典得到了更彻底的开发。它们被当作诗歌和散文的范本，作为比较语法和语言的研究材料，作为政治和社会历史的文献，作为道德教育和世俗智慧的手册。对于真正受过教育的人来说，它们同样是伟大的诗歌，神话、哲学和修辞学的杰作，因此非常有必要弄明白这一切是如何消失的。19世纪90年代，这些经典课程试图通过"科学化"改造来与自然科学竞争，结果却判处了自己的死刑。我从那个时代的一位学生［尼古拉斯·默里·巴特勒（Nicholas Murray Butler）］那里听到了一件很有启发性的逸事。在三年级希腊语的课堂上，一位语言学兼古典学家开讲："先生们，让我们从欧里庇得斯（Euripides）最有趣的戏剧讲起，它几乎包含了希腊语法中所有的例外规则。"

在这句话中，没有人会忽略"有趣"这个词的可怕歧义——它从欧里庇得斯想要表达的和雅典观众想要看到的"有趣"，变成了分析学者心目中的"有趣"。这两种"有趣"都是真实的、合理的，但它们并不相同。这种比喻越是抽象，就越不实用。这件事大概可以称为教育的诅咒——我是说，为了教学的需要进行了抽象化和系统化以后所带来的诅咒。这是我们这个时代的特点。我们把人类关心的每件事都简化为概念和规则，然后为此开一门课、两门课，然后十门课，然后就有了学校，有了校长，有了文凭，最后成了新的专业。所有有用的或是令人愉快的东西都必须来自教学大纲，而躲在它身后的就是"自我意识过剩"。书籍和理论对爱情和两性关系的影响就臭名昭著：在婚姻关系和子女抚养中，自我意识过剩会使人忙着把问题分门别类、贴上标签，反而不去面对其内在的、固有的困境。

这并不是说知识没有用，或者知识应该被忽视，而是说，那些学问、教义、观念并不一定是知识的补充；它通常背离了知识。在物质生活中，理论指导实践，提高了技术。但在艺术领域，理论是在原始创作出现之后出现的，它非但不会改善未来的作品，反而会惯坏它，把艺术家变成一个自我意识过剩的知识分子，然后被"各种理念"拖累或误导。并不是所有好东西都可以人为地制造出来。

那么，文化如何才能从学术研究的束缚中解放出来，恢复其自然生发的本色呢？答案很简单，但面子上不好接受。现有这种处理文化事务的体系过度扩张到一定程度，会被自身的重量压垮。它看上去会和它实际的样子一样都是徒劳。回首过去，亚历山大学派（Alexandrian School）那些拘泥于文本注释的学者遭到了失败；中世纪那些墨守成规的学者后来也淡出了历史舞台。同样，就像17、18世纪在大英帝国的大学里发生的那样，这股疲倦和厌烦的力量还会再次上演，造成文化的停滞和衰落。但大学教育或学术研究的理想不会消亡，它只会休眠；等它再次醒来时，就会鼓动革新者们去承担起明确的责任。

对于文化来说，学术研究并非绝对必要，但它可以通过更务实的方式为文化服务，它可以把积累下来的有价值的东西归纳、整理好。由此，学术研究也可以重新起到它应起的作用：整理出可阅读的文本；在各种艺术作品中解释晦涩的语句，澄清混淆的部分；如果因为时间或者距离太过遥远而难于理解，它可以提供作品的背景资料以及来龙去脉。如果认为这种工作找个熟练工匠就能完成，这种想法就太愚蠢了。正相反，这种工作恰恰需要顶级的鉴赏力和洞察力，需要富于修养的心灵自愿做一些苦差事，只为给一颗宝石镶嵌上与它相配的底座。

到底是某一制度的衰颓引起整个社会中相应制度的变革，还是这种变革引起某一制度的衰颓，这是一个悬而未决的问题。但是，我们现在所谓的"文化活动"中的其他元素，因为文化的缘故，也势必会发生变化。例如，我们撰写的文章中，语言枯燥乏味，充满了行话和虚张声势的技术术语，故弄玄虚，而且为反驳设置了重重障碍；最终，人们势必会爬出陈词滥调的泥沼，让语言重新恢复它真诚交流的作用。文艺评论也需要注入谦逊的态度，也就是说，要承认自己的角色是依附于艺术的，只是偶尔有资格批评它。既然评论家只是为了介绍和解释艺术，那么他必须把话说得清晰易懂，不能有什么专业术语：评论或批判绝不是一门科学或是一个体系。艺术家们也应该卸下建立理论和自我辩护的包袱。这种包袱强加在他们身上已经有180年了，产生了大量荒唐可笑、可悲可叹的胡言乱语。总之，必须把卖弄学问和自命不凡的作风赶出文艺界。

现在只剩下一个问题了：我们失去的东西中有什么好东西？文化，不论以什么形式出现——艺术、思想、历史、宗教——都是让人思考和交流的，两者都是文化体验后必须做的事。接触好的东西并不能自动获得修养，它可不像治病，对症下药就能药到病除。如果真是那样，管弦乐队的乐手就是最有音乐修养的人，而文字编辑就是最好的文学评论员了。在艺术上，仅"埋头用功"是不够的，除非它能激发你的思考和交流。只有这些才是让心灵的细腻感知获得提升的方法。所谓"系统化"的交流，其实是不可想象的。

而真正的思考，它无所不包；它的优点就是包容，对所有的观点在两个层面上的包容：去理解和去接受。这两者都是头脑和心灵的互动，因此充满了最强烈的感觉。事实上，无论是内心的独白还是说出来的语言，都是为了分辨哪些感觉属于某个理念或是某个意象，以及在何种程度上属于这个理念或意象。这就是文化重塑人格的方法，它将其他人在艺术和思想上的体验提供给你，帮助你提高自己，它理顺了你的文化体验。

这样积极地利用时间当然是为了快乐，它的动力就是喜爱。过去，每个人都知道这一点。只要看看这些词的原意就明白了："amateur"（业余爱好者）的原意是"爱的人"，"dilettante"（外行）的原意是"寻欢作乐的人"。如今这两个词已经变成了带有轻蔑意味的术语，用来表示经验不足、一知半解的人。但在自我修养的过程中，喜爱的动力带来的不仅仅是自私的快乐，它还带来了两种交流：与生者的交流——在谈话中发现志趣相投的人；与死者的交流——因对伟大事物的崇敬而产生的亲近感。但今天的做法，对上述两种形式的交流都没有好处。交谈搁浅在行话的浅滩上，根本无法通过思考获得救赎；由衷的赞美却被指责缺乏批判性，伟大的事物都是神话，根本不言自明，无须多言。在这个反英雄的时代，人们没有理由崇拜任何事或者任何人。然而，如果没有这种情感，又如何证明我们对艺术和艺术家的膜拜是合理的呢？

毫无疑问，新旧作品太多，要记住的东西太多——名字、趋势、流派、学说，这使一切变得廉价，它们充塞在记忆中，妨碍思考，阻断交流。面对课程设置中的"配方药丸"原则，面对前文里那个"时尚女孩"的美好生活，任何人，如果想追求更有活力的人生，就只有一条出路，那就是走向"专门化"道路，走上那条文艺票友的单行道。依靠这个角色，他会得到认同、自尊，还有了业余消遣。他诚心诚意的审美情趣得到整个精密学术机构的支持。至此完成闭环，每个人各得其所。

然而，这些各得其所的安排似乎并没有给参与者带来平静。在这个充斥着分析、批判和理论的王国里，到处弥漫着沮丧的气息。悲剧不再能净化心灵，使人振奋；喜剧也不再是嬉笑怒骂，引人反思；音乐不能给人带来平静；绘画和雕塑则主要被用来解决问题。我说的不仅仅是现代作品,因为我们的这种修正性观念已经涵盖了整个历史。尼采早在一百多年前就预见到了有修养的人将面临的困境,他把这种困境具体化到了哲学家身上:

> 科学的范围和结构已大大地扩展,与此同时,哲学家也越来越有可能在学习时感到疲惫厌倦,越来越有可能从事某一方面的研究,"成为专家",从而不会再往高升。也就是说,不会具有超人的眼光,不会做到滴水不漏,不会俯视一切。或升高升得太晚了,成熟的最佳时期和力量的巅峰时期已经过去,他已受到损伤,变得粗糙而衰弱,因而他的观点,他对事物的一般评价不再有什么意义了。也许正是智力良心的改进,使他在征途上犹豫彷徨;他害怕受到诱惑,变成业余爱好者,变成长着一千只触角的爬虫。[1]

没有什么方案体系是永恒的。将来会出现一代人,他们"对事物的总体评价"将再次获得重要地位,他们的理智会有意识地推动他们朝相反的方向发展,也就是通过"一千只触角"来感知世界。因为,文化的承载者不断诞生,对文化的渴望与生俱来。如果想让尼采笔下的哲学家重生,我们只需看看当年那个沿泰晤士河划船而下,把约翰逊博士(Dr. Johnson)[2]和鲍斯威尔(Boswell)[3]送到格林威治的小水手的感人形象就够了[4]。这两位朋友在船上讨论古典文化对人格的塑造。鲍斯威尔认为，没有它人们也能相处得很好。约翰逊不完全同意。"比方说，"约翰逊说，"这孩子不用学习古代典籍也能把船划得很好，就好像他能把俄耳甫斯（Orpheus）的歌唱给阿尔戈号上的第一批英雄水手一样。"然后，他停下来，叫住那孩子问道："小伙子，如果让你知道阿尔戈号上的事情，你愿意付出什么呢？""先生，"男孩说，"我愿意付出一切。"

1　摘自《善恶的彼岸》（团结出版社，2001年，朱泱译，译文略有改动）。

2　即塞缪尔·约翰逊（Samuel Johnson，1709—1784），英国作家、文学评论家和诗人，编纂过《英语大辞典》。

3　詹姆士·鲍斯威尔（James Boswell，1740—1795），英国作家。约翰逊1764年成立文学俱乐部，参加者有鲍斯威尔等人，对当时的文化发展起了推动作用。

4　本段故事摘自鲍斯威尔所著的《约翰逊传》（*Boswell's Life of Johnson*）。

无解的难题：为艺术提供资助

起初，艺术是宗教的侍女。寺庙、神像，包括诗歌、音乐和舞蹈在内的宗教仪式，孕育出了不同的艺术形式。当城邦就是整个国家，所有公民都信奉一种宗教，崇拜城邦中特有的神灵时，谁出钱为艺术买单就不构成问题。宗教、艺术、公职和兵役是全体公民共同履行或者共同承担的义务。

随着时间的推移，城邦管理者开始喜欢更世俗的作品，用以展示城邦的力量和伟大。这些还是由公共资金支付，有时手段还不怎么光彩。例如，伯里克利[1]为了美化雅典以及修建防御工事，袭击了提洛同盟[2]——一个由 200 个城邦国家组成的防御组织——的金库。真希望欧洲盟友也能为我们的城市重建买单！在城邦国家中，有些公民希望能在家里欣赏某个艺术品。他们购买这类艺术品就像掏钱购买其他奢侈品一样。但在古代，他们有个重要的优势：制作艺术品的工匠并不是独立的、依靠佣金为生的群体，他们是奴隶，完全被买断，而且已经在制作锅碗瓢盆以及各种艺术品了。（在古埃及，公共工程建设的人从法律上讲并不是奴隶，而是依法强制服劳役的老百姓。）

对于古代工匠来说，最重要的是技巧。我们从审美角度来说的艺术对他们而言只是一种副产品，并不是有意识、有目的地实现的。这可以从一个事实中看出来：一个工匠越优秀，就越愿意重复之前的作品。当然，在文学领域中，情况并不是这样。在这个领域中，他们的兴趣取决于新奇程度。但即使在这个领域中，作品的形式和主题也往往是神圣不可侵犯的。

古人确实对某些艺术家大加赞赏，但赞赏的仍只是他们的技艺；且这种赞赏并没有改变他们地位低下的普遍看法。作为靠手艺吃饭的人，他们不会被看作受过教育，也不会被当作特别重要的人物来谈论。工匠的确对自己的技艺有浓厚的兴趣，他们写了一些书，讲述人体的比例或是色彩的运用。而且有些人已经发展出了作为艺术家的自觉，对超越物质之上的力量有了感觉。但是

---

1 伯里克利（Pericles，约前495—前429），古希腊奴隶制民主政治的杰出代表者，古代世界著名的政治家之一。

2 提洛同盟（Delian League）是公元前478年，希腊、爱琴诸岛和小亚细亚的一些城邦形成的同盟，因金库设在提洛岛，故名"提洛同盟"。它的目的原是为继续对付波斯联合作战，后成为雅典称霸工具，又称"雅典海上同盟"。

关于艺术家的书籍直到希腊化时代[1]才出现。当时，亚里士多德一个学生的学生编纂了一本书：《画家和雕塑家的生活》（*Lives of Painters and Sculptors*）。这本书只有一些片段流传下来，里面都是些奇闻逸事，并非历史记载或艺术批评。就艺术而言，整个古代都没有出现过这类文献。

在这种情况下，只有一种情况配得上"私人资助"这个说法。那是古雅典后期的一个习俗，在每年的戏剧节上，会有一位有钱人拿出一大笔钱来资助合唱队训练。戏剧节一年一次，上演一幕三部曲和一幕喜剧，载歌载舞，免费供人们观赏。但成为资助人是一项特权，因为申请的人很多；这个节日也从来没有取消的危险。

古代文明衰落后，艺术的地位和作用并没有改变。宗教是主要题材。艺术品的生产者不再是奴隶，也不是农奴，但仍然是工匠和手工艺人。他们通常由行会组织起来，在薪水上有统一的规定。当某个外邦城市邀请一位成功的建筑师修建一座中世纪晚期的天主教堂时，建筑师就像现代的承包商一样，带着他的工匠队伍一起过去。在他的队伍里，各种手艺匠人都有。

在中世纪，艺术品的私人买主对待这些工匠的方式和古代一样。中世纪的公平价格[2]原则和质量保证原则，压制了市场竞争以及艺术上的比拼。事实上，在中世纪的鼎盛时期，位高权重的有钱人控制着城邦，他们和手工匠人们都生活在这里。所以，类似于在现代的自由市场中，一群艺术家比着讨好观众希望挣到更多钱的情况在当时是不可想象的。

因此，在两千多年的时间里，教会和国家——二者通常密不可分——既是艺术的管理者，又是艺术的购买者。这些艺术品有时会得到富人的支持，富人为了宗教或者世俗的目的，有时会买些艺术品私用，他们的需求会由社会地位比他们低的人来满足。换句话说，所有艺术都被视为实用艺术，是为了让所有人都能理解而创造出来的。一种新的建筑风格与其说是一种美学上的创新，不如说是一种新的工程学上的壮举。

这种观点和这种买卖模式的一个显著特征就是：没有人会提出反对意见。在埃及，一个经营无花果生意的中等阶层商人不会说："在我看来，胡夫金字塔又矮又胖，不够漂亮。" 当法国沙特尔大教堂[3]的一个尖塔在大火后重建时，它的建筑风格与另一

---

1 希腊化时代（Hellenistic Period）指从公元前330年波斯帝国灭亡到公元前30年罗马征服托勒密王朝为止的一段中近东历史时期，这段时期内，地中海东部原有文明区域的语言、文字、风俗、政治制度等逐渐受希腊文明的影响而形成新的特点，在19世纪30年代以后逐渐被西方史学界称为"希腊化时代"。

2 公平价格理论是中世纪教会重要的经济伦理之一，由托马斯·阿奎纳（Thomas Aquinas）提出。他反对利率，认为在所有交易中，取得的收益必须与商人的劳动有关，而不是与买方的需要有关。

3 沙特尔大教堂（Chartres Cathedral），全称沙特尔圣母大教堂，坐落在法国厄尔-卢瓦尔省省会沙特尔市的山丘上。始建于1145年，原本属于罗马式建筑，于1194年毁于火灾，当地居民不分尊卑一起努力重建，此时教堂整体的风格转向了哥特式，而保留了旧有的罗马式钟楼，与改建后的哥特式塔楼左右相望。

个尖塔完全不同,这也不会在《沙特尔晚报》上引出一篇社论。没有报纸会抨击教会当局的决定,也没有公众集会向市长请愿。那里的人没几个有美学观念;相反,他们为自己拥有一个优雅的、带镂空浮雕的、最时髦的尖塔而感到自豪。他们的捐款,不管金额多少,都是捐给教堂而不是捐给艺术的;也不存在十几个团体为了能用上这笔钱而你争我夺。就艺术本身而言,它没有"流派"之争,不受领袖、学说、学术评论家和广大观众的影响。任何争论都是私下的、短暂的,不影响整体策略,也不会影响匠人们的职业生涯。

后来,教会地位发生转变,民族国家形成,这标志着中世纪社会的结束。问题来了,谁来为艺术买单呢?事实证明,这个答案是无解的。这一转变在1350年到1650年的三百年间逐渐展开,被称为文艺复兴和宗教改革。文艺复兴在新趣味的推动下,发展出了个人主义(Individualism);而宗教改革在重新寻找上帝的过程中,鼓励个人主义,同时谴责为艺术提供了稳定需求的仪式主义。与此同时,民族国家的崛起常常以牺牲独立的城镇为代价,破坏了小共同体和工匠间的联系;再加上农奴制和行会的衰落,这就为独来独往的"艺术家们"搭好了舞台。他们是社会的新物种,自高自大,为了寻找赞助人四处流浪。

从这一变革时期开始,我们可以看到文化的多样性、多元主义和有意识的创新渐渐兴起。在文艺复兴时期的意大利,十几个艺术流派蓬勃发展,紧接着在德国、法国和荷兰也出现了不同的流派。艺术家依附于王公贵族、教皇以及富裕的资产阶级赞助人，不再受旧有的公平价格观念的束缚。我们开始知道艺术家的名字，了解他们的磨难；相比之下，我们完全不知道——或者很少知道——中世纪艺术家的名字。我们把文艺复兴时期的艺术家按照成就高低分出等级和座次，他们同时代的人也那么做。艺术家以新的方式意识到了自己的力量。他们打磨自己技艺的动力更强了，因为艺术的"主旨"不再局限于为宗教和城市服务了。当然，艺术仍然是一种宣传手段，炫耀的作用也还在，但它们现在是明确的世俗行为了。而且，除了宣传虔诚和道德外，它现在也能宣传政治和传播知识了。

这并不是说宗教在欧洲消失了；恰恰相反，随着新教主义运动以及罗马教会随后的净化运动引起的反宗教改革[1]，宗教获得了新生。这两个运动以奇特和意想不到的方式影响了对艺术的赞助。随着双方教义的僵化，以及导致欧洲宗教分裂的战争，结果，信奉新教的国家资助作家和学者，但并不资助艺术家；而天主教国家，通常在耶稣会士的指导下，出资委托艺术家建造教堂、陵墓和祭坛。事实上，其中有一种建筑形式就被称为"耶稣会风格"。

但是，真正建立起新的官方资助形式的，是那些新近统一了

---

1 反宗教改革运动（Counter-Reformation），即罗马天主教改革，是指在16—17世纪，天主教会为对抗宗教改革运动和新教而进行的改革运动。其主要目的是为了应付宗教改革后出现的新局面，巩固罗马教会在欧洲的地位，故又有"对立的宗教改革"之称。

大片国土的国王。正是他们，需要艺术宣传为他们的统治涂脂抹粉，把君主政体与文明联系起来。他们在宫廷里聚集起画家、雕塑家、建筑师、诗人、音乐家、戏剧家、舞蹈家，还有一两个历史学家，以确保将这些艺术珍品记录下来，传给后人。就像他们的前辈——意大利的王公贵族和教皇一样，这些国王想方设法搜罗来许多好的作品，在这个过程中逐渐形成了一个惯例：一个伟大的国家有责任支持自己的文化。歌剧、芭蕾舞、戏剧、文学研究、学术研究以及科学，这些很快成了国家的职责，而不是反映某个掌权者的品位或者隐秘用心的东西。在现代民主国家，甚至在极权主义国家中，这种关系仍然或多或少地存在着。

但是，国家对艺术的支持与古代城邦对艺术的支持在性质上有所不同。首先，会出现人和人之间的矛盾，最终双方付出的代价都很大。确实，艺术家的个性越来越强，不再局限于为城邦以及城邦的神灵服务；当这些非人为的约束松弛下来以后，服从赞助人的要求（往往是一时兴起）就变得强人所难，甚至令人难堪了。只要读一下本韦努托·切利尼[1]的自传，你就会发现，在文艺复兴的鼎盛时期，一位成功的艺术家是如何看待那些专横的赞助人的。他们痛恨自己卑躬屈膝的地位，痛恨自己只能拿那一点点微薄的报酬——甚至有可能根本拿不到。

再看另一方面，艺术家为了捍卫自己的独立地位，对待委托的任务经常故意拖延时间，速度慢到令人抓狂，有时甚至永远也完不成。赞助人不仅失去了耐心，还经常白白支付了预付款。

此外，随着国家体制管辖的事情越来越多，作为赞助人的国王不得不依靠他的官员来选择艺术家，并指导具体的工作。这就导致了政治和阴谋。例如，代表路易十三（Louis XIII）治理朝政的宰相黎塞留（Richelieu），让国务卿弗朗索瓦·苏布莱特·诺耶斯（François Sublet de Noyers）邀请画家普桑[2]从罗马来巴黎为宫廷效力。而那时，普桑在罗马待得又快乐又高产，不想离开。他拖了一年半时间，迟迟不肯接受邀请。然后他收到一封恐吓信，提醒他是法国的臣民，而且国王的势力范围很大。他只好遵命，也的确受到了很好的接待；但他发现国王和宫廷与其说想要他回来画画，不如说是想借他来打压当时巴黎当红的画家西蒙·武埃[3]。委托他创作的作品都是大型寓言画，而普桑是以创作小型田园主题画著称的。此外，尽管从未从事过建筑装饰方面的工作，他还是得为卢浮宫的一个长廊做装饰设计。与此同时，

1　本韦努托·切利尼（Benvenuto Cellini，1500—1571），意大利文艺复兴时期的金匠、画家、雕塑家、战士和音乐家，写过一本著名的自传。

2　尼古拉斯·普桑（Nicolas Poussin，1594—1665），17世纪法国巴洛克时期重要画家，法国古典主义绘画的奠基人。普桑30岁之后主要在意大利发展。

3　西蒙·武埃（Simon Vouet，1590—1649），17世纪上半叶法国有代表性的画家。他在意大利学艺，作品受卡拉瓦乔（Caravaggio）影响；回法国后，把法国人的艺术趣味带离风格主义，导向了卡拉瓦乔的风格和巴洛克艺术。西蒙·武埃在法国宫廷担任首席画家达15年之久，为王宫画了大量的寓言主题的装饰壁画。

武埃的追随者们开始密谋，要给这位入侵者好看。普桑忍了几个月，终于找了个借口说必须把妻子接回来，然后逃回了罗马。普桑在巴黎期间的画是他作品中最不吸引人的。

位高权重的赞助人和自我意识觉醒的艺术家之间这种鸡飞狗跳的关系也并非一成不变。另一位画家鲁本斯[1]性情开朗，他和他的大多数赞助人都相处愉快。但话说回来，他是一个天生的外交家和优秀的生意人，这些品质不是每个艺术家都具备的。更确切地说，更普遍的情况是，在对创作的痴迷当中，天才虽富有创造力，但缺少捍卫自身利益的天赋——这也是天才一半痛苦的来源。

另外一半痛苦则来自对手的嫉妒和赞助人的性格特点。那些著名的例子都非常典型：音乐天才莫扎特（Mozart）被萨尔茨堡大主教虐待；贝多芬对他在维也纳的权贵朋友们表示不满，他可能是对的，也可能是错的；哲学家拉布吕耶尔[2]在粗野的孔代亲王的府邸供职，需要不断强迫自己冷静下来才能继续工作；就连性情随和的奥地利作曲家海顿（Haydn）也常常不胜其苦，开口抱怨。如果说画家委拉斯凯兹[3]与西班牙国王腓力四世（Felipe IV）相处得很好，那不仅仅因为他能画出令人赞叹的肖像画，也因为他照看国王的寓所，监督门卫，购买生活用品，还做一些日常杂活。简单来说，善良的赞助人与随和的艺术家能聚在一起的机会简直比神仙眷侣相会的机会还要少。

到了18世纪，"艺术"（art）和"艺术家"（artist）这两个词巧妙地获得了新含义。人们认为，优秀或者伟大的艺术家不光拥有高超的技艺，而且也逐渐培养出一种与众不同的自尊。画家特别要求创作自由。当接到委托的时候，他们再也受不了别人跟他说"不要改变或添加任何东西"了。他们变成了"创新者"，几个世纪之后他们被叫作"创作者"。天才（genius）最初的意思是心灵手巧；后来，它是指拥有三头六臂的超能力。

这种转变是自然发生的，不是瞬间完成的，也不是同时完成的。古代的奴隶和中世纪挣佣金的工匠已经消失，但是新崛起的艺术家的社会地位却依然模糊不清——这让所有人都感到尴尬：他有时是王侯的伙伴，有时又被归为泥瓦匠和室内装潢工人。这种不确定，部分是由于自文艺复兴时期传承下来的对理想完人的看法，它要求一位绅士应在科学、艺术以及人文通识方面都受过广泛的教育。所以，它鼓励国王和朝臣自己写诗、演奏音乐，甚

---

1 彼得·保罗·鲁本斯（Peter Paul Rubens，1577—1640），17世纪佛兰德斯画家，曾担任西班牙哈布斯堡王朝外交使节。作为佛兰德斯画家，鲁本斯是巴洛克画派早期的代表人物。他的作品几乎遍布欧洲。

2 让·德·拉布吕耶尔（Jean de La Bruyère，1645—1696），法国哲学家、作家。他在1684年被引荐到孔代亲王家，做了孔代亲王的孙子波旁公爵的家庭教师。

3 迭戈·罗德里格斯·德·席尔瓦·委拉斯凯兹（Diego Rodríguez de Silva y Velázquez，1599—1660），17世纪巴洛克时期西班牙画家，几乎一生都在西班牙宫廷绘画。

至在宫廷戏剧中扮演角色和跳舞。但是，国王能和芭蕾舞大师跳舞吗？绅士该发表他的诗歌吗？

更为复杂的是，除了皇室和国家的资助外，还有两三种资助形式也开始显眼起来。一种是有钱的艺术爱好者购买艺术品。像富凯[1]这样的税款包收人在出手阔绰和文化品位方面竟敢与国王路易十四（Louis XIV）一争高下，结果导致自己垮台。但他那个阶层中有许多人都效仿他，只是规模小一些。在上层资产阶级当中，购买艺术品的习惯就这样生了根。这实际上是城镇还没有被君主制以及国王取代之前，中世纪那种方式的回归。但是现在，中产阶级没有本地的行会工人可以指挥了，他们不得不委托画家弗兰斯·哈尔斯[2]或者伦勃朗[3]来为民兵军官绘制纪念群像。然后他们请刻石匠复制这些作品，再请雕刻家制作半身像或是十字架，当然也请建筑师设计房屋和花园。有些人，比如18世纪中期的巴黎音乐爱好者拉·波佩利尼埃尔（La Popeliniere），就为自己请了一个私人管弦乐队。

这些赞助人是商人，或者以前是商人。艺术家和他们反复讨价还价，必然把他们之间的关系变成经常往来的买卖关系。这种关系不同于本韦努托·切利尼与国王或教皇的关系：切利尼会报出材料的花费，还会额外得到奖赏作为他工作的报酬，但报酬多少事先不会明说。讨价还价的时代开始了，艺术品分出了高、中、低价位。这就是我们今天司空见惯的自由市场的前身。长期以来，市场一直是剧院的资金来源，到了18世纪中期，市场也成了文学艺术的主要资金来源。据说,蒲柏[4]是第一个只靠写作就能养家糊口的英国作家。但贵族赞助人继续发挥着他们的作用:他们认购作品,对艺术家而言就很有用;艺术家要想弄个闲差做,找贵族更是绝对必要。最后这种国家资助的形式则是专门为作家准备的,他们会在献词中赞美赞助人,在小册子中捍卫赞助人和他的政权,为赞助人的子女做家庭教师,带着他们周游欧洲大陆。

这些资助艺术的新手段把艺术家从一个用人、弄臣或者"宠儿",变成了一个独立的企业家,一个集经销商、管理者以及广告商于一身,贩卖自己商品的人。到了19世纪,这种情况,再

---

1 尼古拉斯·富凯(Nicolas Fouquet,1615—1680),法国路易十四时代初期的财政大臣,机敏干练,是国王的左右手。1661年,富凯邀请年轻的路易十四到他的城堡参加舞会,并且骄傲地展示家中的250座喷泉;路易十四被他的炫富行为激怒,几周后,便令人将富凯以贪污罪逮捕,并没收了他的财产。

2 弗兰斯·哈尔斯(Frans Hals,约1581—1666),荷兰现实主义画派的奠基人,也是17世纪荷兰杰出的肖像画家。

3 伦勃朗·哈尔曼松·凡·莱因(Rembrandt Harmenszoon van Rijn,1606—1669),被誉为欧洲17世纪最伟大的画家之一,也是荷兰历史上最伟大的画家。

4 亚历山大·蒲柏(Alexander Pope,1688—1744),是18世纪英国最伟大的诗人之一,古典主义诗人。代表作有《伊利亚特》《奥德赛》《田园诗集》《批评论》等。

加上工业化的罪恶,导致艺术家和社会之间发生了公开冲突。这种冲突成为过去 150 年的特征。

在两种思潮的对立下,这一冲突不可避免,且永无宁日。一个思潮是对艺术的颂扬,认为艺术表达了人类生活的最高精神境界。天才的艺术家因此成为预言家和先知。他谴责日常生活的苟且,知道并且说出了终极真理;他声讨世界,藐视行为准则,同时预言了文化的发展,因为他正带领文化前进——"前卫派"(avant-garde)一词正是由此而来。他对社会的看法受到了同时代人的敌视。那些反对他的人都是不关心文化艺术的平庸之辈[1],生来就与一切美好、高贵的事物为敌;他们属于那个世纪的另一个思潮,他们是敌对思潮,是功利主义者,他们一心追求物质发展和社会稳定。两者之间的战争就缘自艺术创新,双方的目标是不可调和的,和平是不可能的。这是先知和圣人对抗大多数罪人的战争。今天,我们说到"资产阶级"一词时带有的轻蔑意味,就缘自 19 世纪的艺术冲突和当时的情绪表达。

这些创造了新艺术的叛逆者,大部分出身资产阶级家庭,这使得攻击更加恶毒:没有什么比家庭内部的争吵更激烈的了。到最后,每一代平庸之辈都会理解并且崇拜艺术,但这不改变任何事情。有些赞助人甚至在对艺术家迟来的肯定或在艺术家死后的献祭之前,就出手帮忙,国家也给予了补贴,但这也不改变任何事情。因为大部分机会往往只青睐能力高超的艺术家,但他们只能模仿,不会创新。因此,艺术和学院艺术之间产生了如今这种普遍的区别。

在这种社会深层的不断斗争中,发展出一种特殊的机制。它被称为"波西米亚"(bohemia),是大城市里比较贫穷的地区对自己的称呼。它吸引了来自世界各地的艺术家,由此形成了一个和谐的社区。这里的居民有着相似的习惯和谈吐,生活费用也比城市里"体面"的地方便宜很多。在波西米亚地区,艺术赞助人可能是默默无闻的女房东、一个小餐馆的老板,或者一个二手书商;他们给自己喜欢的艺术家提供食物、住所、现金,赊账给他们,根本不考虑回报。

20世纪,人们继承并发展了这种小恩小惠的赞助形式。可以说,19世纪是在1914年结束的。在那场血腥的战争[2]之后,西方社会开始变化,这才进入20世纪。一方面,那些平庸之辈和其他千百万人似乎一起被杀死了;另一方面,最新的艺术比以往任何时候都更像是一个批判生活、逃避生活恐怖的避难所。到了1920年,艺术获得了比以往任何时候都要多的公众关注。无论最新的艺术形式有多么怪异,公众都照单全收。过去的经验告诉我们,公众总是错的。所以,不管是真行家还是假行家,他们一致决定,无论来什么都降阶以迎。这些原来并不关心艺术的平

---

1 词源来自《圣经》中时常提到的非利士人,他们长期与以色列人为敌。后来引申为"庸俗之辈""缺乏教养的人"。

2 指第一次世界大战。

庸之辈突然痛改前非，看任何画廊里的东西、书籍里的内容或是舞台上的演出都是"有趣的"。这些都是实验性的，谁敢质疑一个实验呢？艺术权威已经从作为主顾的赞助人那里转到了作为供应商的艺术家身上。

在那个社会大动荡时期，许多旧有的财富消失了，上层阶级失去了他们的威望和权力。为了弥补这些损失，人们呼吁国家加大对文化的投入。国家必须成立文化部，确保人民得到应有的艺术，创作者得到应有的回报。艺术太重要了，所以不能建立在统治阶级一时的心血来潮上面。整个民族必须培养审美情趣，从刚上学起就必须培养对艺术的热爱和实践，鼓励年轻人才。就连英国也打破了自由放任的传统，除了建起国家剧院外，还成立了艺术委员会（Arts Council）。

欧洲做的事就是这些。最奢侈的创新留给了美国，他们标新立异地创立了三种新的资助形式：私人基金会、私人企业和私立大学。作为讲授艺术、艺术表演的机构，以及艺术的资助者，美国大学的作用仍然是独一无二的。第一次世界大战后，在20世纪30年代，当远赴巴黎的美国人带着对生活的新看法（包括对异域食物和高雅艺术的品位）返回祖国时，美国大学开始扮演起新的角色。他们很快培养出门徒，生产了大量业余或专业的作品。当时的美国正处在大萧条时期，市场无法一下子消化，美国政府第一次伸出援手，救助那些忍饥挨饿的艺术家。

当经济开始复苏时，这些有天赋的艺术家进了大学。各类大学设立艺术系，修建剧院，吸引了落魄诗人、剧院的常驻导演和驻团作曲家。这些人把小合唱队变成了合唱团和管弦乐队；设立了电影教研室，还在教员中组织起弦乐四重奏——总之，他们成了世界范围的"艺术即宗教"运动中的新成员。这一发展经历了一代人之后，其影响力可以从1968年芝加哥骚乱时学生的宣言中看出来。学生提出的要求中有这样两条：第一，废除货币；第二，人人都是艺术家。

与此同时，美国的企业开始意识到，它们需要履行社会责任，一种方式便是捐款。这些企业一开始捐给慈善以及教育机构，不久以后也开始给艺术捐款。更重要的是，到了20世纪50年代，公司的董事开始花钱，为董事会会议室和前台接待厅购置自己喜欢的绘画和雕塑。如今，人们经常会在媒体上看到美林证券（Merrill Lynch）或者IBM（国际商业机器公司）正在资助一场大型展览，看到"百事可乐艺术收藏"将再次踏上巡展之旅……这些无一不是在向世界表明，美国人不再是野蛮人了。

最后一种，在很多美国特有的私人基金会中，包含或者专门设置了资助艺术的部门，用以资助艺术的创作和展示。首都华盛顿特区成立了国家基金会，各个州也成立了艺术委员会。

放眼望去，西方世界似乎已经纠正了过去对艺术资助的偏差，建立起令人满意的资助体系。它不完全依赖权贵，它的组织形式适合天才间公平竞争；它结合了公共和私人资金；它受到公众舆论的热情支持，并在某种意义上受到公众舆论的监督；它支撑起一个巨大的自由市场，这个市场本身是有组织的、经久不衰的：经销商、画廊、出版商、编辑、唱片公司、博物馆、图书馆和剧院——他们都是老主顾或中间渠道，能从热心的买家手中获得大量资金。这一切难道还不够吗？难道还不够令人钦佩吗？

就意图而言，这一切的确令人钦佩，它驳斥了关于这个社会物欲横流的陈词滥调。但是，还不够。对于艺术品的供给而言不够，对于艺术家及其支持者的实际需要和情感需求而言，也不够。这是因为，与这些资助形式同步发展的是艺术品数量的巨大增长，推动这一增长的是不懈的社会鼓励和个人的雄心壮志。艺术作为一种宗教，信徒众多，社会的每个部分都渴望参与到艺术表达中来。学校、教会和城镇，企业、医院和游轮，都想成为艺术中心。同时，从婴儿时期开始，个人天赋的每一朵火花都在社会普遍认可的煽动下，形成熊熊的火焰。

结果就是，训练有素的个人和团体到处疾呼，寻求支持；各地都在填写资助申请；各地的艺术机构都在亏损；各地的忠实公众都在不断为几乎天价的价格买单；各地的艺术团体——不论是赞助人还是艺术家，都认为这种局面难以忍受，因而愤愤不平：这么多富于才华的人，却找不到钱！哪里能找到钱呢？当然是募集资金。因此，对补贴的争夺变得白热化，资助资金受到双重膨胀的压力——越来越高的成本，以及越来越多的艺术家、艺术团体、艺术中心和艺术节。

现在的资助机构能做得更好吗？它们遇到的障碍看来是不可逾越的。原因如下：

第一，很难想象，还会出现任何新的资金来源，能进一步注入资金池中。

第二，福利国家还有其他负担——穷人和老年人、学校和医疗机构、失业人员和退休人员。公共资金不可能无限地用于艺术。

第三，私人资助者很少，而且许多基金会正在结束他们的项目，要么是有意的，要么是法律强制的。

第四，各个学院和大学对艺术的支持已经达到了极限。入学人数下降，成本上升；教学职位没有减少。此外，人口统计报告显示，出生率正在下降，这就排除了入学人数和新资源显著增长的可能性。

第五，在与高雅艺术的竞争中，流行艺术越来越成功。事实上，它的成功并不是为了获得资助——流行艺术自己能挣钱，而是为了高层次的公众兴趣。它们从高雅艺术中分走了金钱和注意力。

第六，博物馆、图书馆和教堂那些孤注一掷的举动，疏远了公众。比如出租场地举办鸡尾酒会或者拍电影；售卖小商品；组织音乐、戏剧和其他表演的系列演出；在以前免费进入的公共机构门口收取"自愿"捐款。这些机构怨恨市场气息，怨恨在市场上与其他艺术品供货商的不公平竞争。

资助人方面先说这么多，现在看看艺术。

第一，长期的贫穷令人沮丧，有损尊严，并且与公众对艺术的期望相反。艺术家不会因为他们的作品卖不出去就不干了；他们即使饿着肚子，也会继续干下去。每年，都有部分艺术机构在最后一刻获得救助，继续这种岌岌可危的生存状态。这种悲惨境地往往给人一种赞助太少的印象。

第二，没有任何可行的手段来限制艺术品的过度生产。艺术品没办法分区销售，也没办法给艺术家灌输马尔萨斯人口论的精神[1]；而且也不能说服公众相信，一味地盲目鼓励未来艺术家是残忍的。艺术家的生活——没有固定的作息时间，没有老板、自我表达、自我至上，提倡蔑视平凡的物质生活——对年轻人仍然有吸引力，这让他们在进入这个竞争激烈的领域时，怀揣很高的期望。

第三，无论是年轻的还是年老的艺术家，都把市场和赞助人看作是异己的力量，需要不断战胜它们。他们憎恨行业规则和四处筹款的日子。遭到拒绝的申请者看不起那种半官方的、"安全"的艺术。他们还喜欢把教皇和国王的时代理想化。

第四，公众受到如此多的艺术围攻，不自觉地要保护自己免受干扰。一种方式是明星体系：只看大腕的作品，免得费脑筋。但这些明星也构成了一种垄断，损害了大多数不那么成功的艺术家的利益。

第五，艺术品供过于求的现状导致了第二种保护性反应。对高雅艺术的体验变得司空见惯，高雅艺术失去了它的震撼力。艺术的追随者不再是痴迷的参与者，而是平静的消费者。艺术委员会和基金会的官员尤其容易受到这种情感流失的影响，这意味着原创性的艺术家很少得到资助。天才和以往一样，冒着终身被埋没的风险。

总之，一个非常丰富并且有多个侧面的系统，会引起持续不断并且"合乎情理"的抱怨。正如我们所看到的那样，过去的模式也不令人满意。而重新设计现在的方式意味着一系列不可能做到的事，总结下来就是故意压制年轻艺术家的创作冲动，压制成年人从事这项公共事业的渴望，压制大型艺术中心的彼此竞争。高雅艺术似乎从一开始就受到了诅咒。随着文明的传播，艺术需求越来越大，剩余产品越来越多，高雅艺术也越来越深陷这份苦涩的诅咒无法自拔。

---

1 18世纪，马尔萨斯（Thomas Robert Malthus）在其代表作《人口原则》和《政治经济学原理》中提出了"马尔萨斯人口论"，认为人类必须控制人口的增长。否则，贫穷将是人类不可改变的命运。

查询！核实！

在发达文明中，如果一段时期被泛称为"亚历山大主义"时期，那它通常与多变的道德标准、敷衍了事的宗教信仰、民粹主义标准和世界性品位、女权主义、另类崇拜以及高雅和低俗时尚之间的快速转换联系在一起。总之，在这段时期，人们不再恪守（这也是衰颓的原意）原本植根于人们内心并驱动人们行动的那些严谨的传统规则。

这一时期还有另一个标志：参考书。几个世纪以来，古老的文明已经堆积起太多的思想成果，简直塞满了藏书楼。随着社会革命的推动，越来越多未受过教育、自我放纵的人摆脱束缚，他们想直接接触这些宝藏就变得越来越困难，书的翻阅频率也越来越低。于是，博物馆和供研究人员使用的图书馆应运而生。这里的常客——学者和专家——开始编写文摘，整理文献，阐述理论，出版参考书。"亚历山大主义"这个术语就来自这类机构中著名的"博学园"（Mouseion），它于公元前3世纪建在亚历山大港，包括了缪斯图书馆和学者住所。

历史上各个时期的"亚历山大主义"，规模有大有小。规模较小的时候，会促使人们精力充沛地重新回归学术，掌握第一手知识，恢复创造性。这种情况在中世纪末期出现过，在18世纪末也出现过。同样地，一次对社会发展有益的蛮族入侵可以净化空气，腾空书架，让人们迎接新的开始。人们可以悠闲地从参考书中了解文化。然而，这段时光虽然愉悦，却没有人知道接下来会发生什么。今天，单就参考书的数量而言，人们会说，自最早的那个亚历山大主义时期以来，我们现在正处于规模最大的亚历山大主义时期。

只要历数一下参考书的数量就知道了。从诗歌、美食、巫术到世界未解之谜，每个学科都有无数的指南手册；世界文学配备了各种"解读本"；到处都是现代文化的"百科全书"；还有数量巨大的"斯克里布纳（Scribner）系列"阅读参考书，它们以章节形式，或是介绍从荷马（Homer）到品特（Pinter）的诸多作家的生平和作品摘要，或是概述诸如美国外交史、莎士比亚和东亚文明之类的专题。

人们四处搜罗来各种事实记录和文献摘录，有书评、传记、语录，涵盖了通识、医学、法律、幽默、传记、古典以及各种外国资料。这些文件堆积如山，把书架压得咯吱直响。牛津大学出版社在出版了《文学逸事》（*Literary Anecdotes*）［后来还有《法律逸事》（*Legal Anecdotes*）］之后，又推出了一系列的趣闻逸事丛书，马上还要增加约翰·格罗斯（John Gross）的《牛津格言》（*The Oxford Book of Aphorisms*）。市面上还有各种各样的"清单大全"。这其中当然包括书目大全，还有各种作家、艺术家、缩略语、博物馆清单大全，还有肖像画、昵称、小说人物、哺乳动物，甚至美国历任州长的清单大全。盖尔出版公司陆续出版发行了多卷文学评论摘录，从最早的到上周的都有。最后，计算机问世了。编纂工作在计算机的强大分类和搜索反馈能力下，变得一发不可收，出现了无数的资料库，每一种似乎都对某些研究者有用——如今，有能力读书的人已经算不上是研究者了。这种情况是必然的、偶然的，还是我们自己的选择？

亚历山大主义时期的观念还有一个重要的关注点，那就是：语言。学者对文本研究的注意力很快从思想转向文字本身。他们认为，语言作为一个整体，似乎掌握了所有重大问题的秘密。很多原本冷静的人表示，语言是塑造诗歌和戏剧的力量；哲学家则提出，采用分析的方法将会解开存在的秘密；甚至就连科学家在谈到基因"密码"或疾病理论时也变成了咬文嚼字的语言学家，说什么细胞或分子会携带"信息"传递到四面八方。信息理论对信息本身不感兴趣，而是对信息的"承载形式"感兴趣，并试图借此主导心理学、语言学以及其他所有含义尚未被抽象化的学科。

这就像我们小时候玩的游戏那样，一遍又一遍地重复一个单词，直到它不表达任何意思为止。

我们只要看一看那些词典和各种解释单词的书就明白了。除了日常在家、学校、办公室里使用的普通词典外，还有数百种自称能阐明语言的词典：或能提高写作水平并指导单词的使用；或能激起对单词的爱意，使人写出活泼生动的段落并唤起读者的好奇心；或只是简单地完成记录工作。这些词典大量涌现，显示出编纂者夸张的耐心和执着：《美国各地区英语词典》（*The Dictionary of American Regional English, DARE*）第一卷刚刚出版，这一宏伟工程已经持续了几代人之久。

这么多编辑、传播零碎数据的行为，抛开其他不说，起码是一种自我意识过剩、毫无节制的表现。我们活着的主要目的似乎就是看看我们是怎么活着的，这种习惯导致了所谓的"知识外化"。随着新手册一本本问世，人们对知识内化、融会贯通的需求也越来越少。参考书的所有者和使用者自信满满，认为自己拥有了书中的内容——它们就在那里，放在触手可及的书架上，随手就可以拿到。这些内容很快就会被转移到电脑上，而这种拥有感应该也会转移到硬盘或资料库的电话号码上。

换句话说，在这个参考书触手可及的时代，知识不可避免地沦为了信息。一个人手握这么多整理好的信息——比起他的前辈，再去辛苦理解上下文和内涵也就没必要了：反正可以去查书。但他的主动记忆也没闲着，忙着记住其他的事情，比如日常生活中必不可少的各种名字、各种缩写和各种密码。而其他的，他尽可以糊涂点：反正可以随时查出来。

为了更便捷舒适，世界各地都有这样一群人，他们唯一的工作就是查询并核实信息。我是指在期刊、出版社、广播电台、政府部门和各种各样的私人机构中工作的研究人员和复核人员；他们做这些事，也许是为了推动某项事业的发展，也许是为了监控某种威胁。不可否认，在传统意义上，认真从事这项工作的人的确具有一些知识，但这些知识只占他们搜索、核实并作为真实信息发布出去的很小一部分。他们的许多成果——无论是通过纸介质还是其他形式——都是免费、主动地发放给我们的。由此，我们的视野理论上会变得越来越开阔。然而，我们正在经历的并不是人们津津乐道的知识爆炸，而是信息泛滥。人们把已有的知识压缩成一小块一小块的，然后兑水，让它们再次膨胀起来。它们尝起来也像料包冲出来的汤一样，索然无味。

与此同时，人们脱离了实际，丧失了安全感。也许正是因为这个原因，出现了大量关于词汇的书。写这些书的目的是要帮助那些本该受教育的、有知识的作家。但奇怪的是，这并没有产生令人鼓舞的、显著的效果。失败的原因很可能是书本身的风格和质量问题。让我们来看看其中的几本书，体会一下吧。

在这些书中，最具亚历山大主义风格的是亨利·G.伯格（Henry G. Burger）编写的《词树》（*The Word-tree*）一书。

这是一本 380 页的 4 开本书，号称"一套可传递的遍历体系，旨在解决自然和社会科学问题"。按照作者的说法，为了达到这一目的，这本书分析了 25 万个单词，它"将这些单词做二叉树划分，精确定位词义……成为一本自然及社会工程的指导手册"。

该书的编者向我们讲述了这个"魔术"的奥秘：利用各种概念匹配单词中呈现的因果关系。罗热[1]的那本广为人知的《同义词词典》只提供了同义词和关联词汇，用户只能根据自己的微妙体会从中做出选择。而在《词树》环环相扣的词汇表中，用户可以在各种过程和流程术语、反义词和替换词，以及相关种类的关联信息的指导下理解词语。不过，要进入这个迷宫并不容易。除了有大约 50 个缩写（设计得相当拙劣），还有 10 来种符号，根据它们的位置或组合方式表达词汇间所谓的真实联系。其余的交叉关系则依赖于各种数字引用，从索引数字到层级数字都有。要想掌握这套系统，用户必须先研读长达 50 页的使用说明才行。

不难看出这种方式对其创造者的吸引力：单词代表思想和行动，它们与实际生活和思辨思想有着多重联系。因此，可以用一张网络地图来梳理思想与行动。据说，绘制这幅地图花了作者 27 年的时间。尽管如此，地图上仍然有些区域处在"未开发"阶段，有待进一步完善。

---

1 彼得·马克·罗热（Peter Mark Roget，1779—1869），英国内科医生兼词典学家。1852 年出版了《同义词词典》（*Thesaurus of English Words and Phrases*），因此而闻名。

我对作者的勤勤恳恳和足智多谋十分敬重,但对于此书所说的实用性,如果需要,我可以马上提出两个反对意见。其一,如果一个人能看懂这么一本像迷宫一样的书,那他也能在没有帮助的情况下取得同样的成果。这本书的意图是希望促进"社会工程"的发展,开篇要明确诸多因果概念和各种先后次序。然而,那些永远读不懂《词树》的人也弄不懂开头这一步。

其二,因为语言并不是严格地由环环相扣的部分组成,所以词汇的"层级"和行为之间就不可避免地充满错配的情况。而语言为思想服务的力量也正体现在它由反复无常所带来的灵活性上。例如,在这本书的使用说明,也就是卷首的第一页上,我们看到"plan"这个词的关联图。沿着它的第一个关联"maneuver"(策略),我们发现这里的说明是:"策略导致(或至少可以导致)……轻而易举的事(pushover)或者不切实际的乌托邦(utopia)。"假如我是个社会工作者,采取策略的时候如果期望上述任何一个结果,恐怕都是不明智的。

偶尔的瑕疵并不足以贬低一部伟大的作品,何况这还只是第一版。公平的做法是多做一些测试。但抽样的结果同样令人沮丧,此书在术语的选择上也出人意料地不切实际。比如这些动词,"superordinate"(成为上级)、"readprotect"(读保护)、"julienne"(切成细丝)、"disembargo"(解除禁运)、"disgovern"(剥夺)、"adjustify"(做出调整)、"naphthalize"(用石脑油混合或浸透)、"semicastrate"(半阉割),这些词有什么实际作用呢？这些负面的、大杂烩似的、模棱两可的词语，难道是描述社会行为的语言吗？

新闻上说，西斯廷礼拜堂[1]的穹顶画现在对公众开放，可供大众欣赏。这倒给了我一个测试"因果关系"的机会。《词树》中对于"restore"（修复）这个词提供了什么解释呢？首选的等价词是"change"（改变）和"normalize"（规范化），然后是一系列被认为和"change"（改变）等价的词："dimpled（起涟漪）[dimp（烟头）], fallowed（休耕）[barefallow（休耕地）], galleted（把碎石嵌入）[taliacotify（精制）], healed（恢复）[recuperate（复原）], remedied（纠正）[therapize（治疗）], modernize（现代化）[renovize（革新）]"。最后一对词的前面还有个标志，指引我们按下面的形式把这些意思组合在一起，"'change'和'modernize'意味着'renovize'"（"改变"和"现代化"就意味着"革新"）。为什么看不到常用的"renovate"（革新）这个词呢？这让人觉得莫名其妙，但我们暂时先不考虑这个。正是这种组合方法（即模拟计算机科学中的二叉树结构）彻底摧毁了这种分析单词的模式。在卷首的示例中，我们看到，"'maneuver'和'govern'

---

[1] 西斯廷礼拜堂（Sistine Chapel），又名西斯廷教堂，是梵蒂冈宫的教皇礼拜堂，位于意大利首都罗马西北郊的梵蒂冈城，原为教皇（教宗）个人的祈祷所。穹顶壁画《创世记》为米开朗琪罗的名作。西斯廷礼拜堂的穹顶画曾于1984年开始修复，到1994年修复完重新开放。

意味着'gerrymander'。"("策略"和"管理"意味着"重新划分选区"。)真是这样吗？这是不可能的。这和把"campaign"（竞选）和"strategy"（战略）、"periodize"（划分时代）两个词放在一起一样说不通——在那本书的另一个地方，就把"periodize"（划分时代）和"strategied"（做战略）放在了一起，真是闻所未闻。

总之，这种亚历山大主义的做派彻底摧毁了它的信徒对语言的感觉和对实际情况的判断。哥伦比亚大学著名的人类学家康拉德·阿伦斯伯格（Conrad Arensberg）在这本书的前言中说，本书"从科学、历史以及人文主义精神上看方向都正确……对人类学和词典编纂学本身而言都是一大贡献"。尽管学者这么评价，但是读者可能并不认同。这类手册和文献摘要欠缺的正是人类学和人文主义的精神内涵。有些事物天生就不具备这种特质，比如对数表；还有一些，比如这本书中的这个"树"的概念，尽管它具有人文主义的实质，但它们的编纂者处理它的方式却像个冒牌的科学家。

在这类亚历山大主义的词汇指南中，很多并不以学术研究自许。这些书面向普通读者，你可以从中体会到以人为本的冲动。它们的目的可以描述为语言上的"投环套物"游戏。比如下面这几本书：《我们神奇的母语》（*Our Marvelous Native Tongue*），《单词、单词、单词》（*Words, Words, Words*），《用词解释词》

(*Words About Words*)、《词的世界》(*World of Words*)、简明版的《单词》(*Words*)，以及利奥·罗斯滕（Leo Rosten）编写的《为意第绪语欢呼！》(*Hooray for Yiddish!*)。这些作者就像拉拉队长一样，一心想唤起冷漠的读者，分享他们自己的热情。

这里面还有一类人，被称为改良者（improvers），包括各种文字使用指南的作者［比如已故的威尔逊·福利特（Wilson Follett），以及《哈珀当代惯用法词典》(*The Harper Dictionary of Contemporary Usage*)的编纂者们］、各种写作手册的作者（著名的斯特伦克和怀特[1]，威廉·津瑟[2]，鲁道夫·弗莱施[3]），以及特殊的语言守护者。这些人无时无刻不在提醒人们注意模棱两可的词汇、母语中的词汇、英国的英语词汇及外国词汇造成的危险。这类书非常多，但同样，从目前的写作情况来看，大多收效甚微。或许应该说，它们有助于维持好的写作方法，却无力纠正不好的写作方法。但无论如何，人们都会羞愧地记得，伊丽莎白时代和奥古斯都时代的那些伟大作家甚至根本没有字典

---

1 斯特伦克和怀特（Strunk & White）合著有《文体要素》(*The Elements of Style*)。

2 威廉·津瑟（William K. Zinsser），著有《写作法宝：非虚构写作指南》(*On Writing Well*)。

3 鲁道夫·弗莱施（Rudolf Flesch），著有《经典写作指南》(*The Classic Guide to Better Writing*)。

可用。

这些出于善良的帮助之所以失败，部分原因在于这些书质量低劣。导师们循循善诱地重复着徒劳的建议——"不要害怕规则！""要写短句子"，就好像用词简洁这一难以掌握的技巧可以治愈胡言乱语和用词不当似的。还有一些书在措辞上存在误导。例如，那本大部头《委婉语和其他双关语大辞典》（*Dictionary of Euphemisms and Other Doubletalk*）虽然左右不分，却措辞辛辣地指出了"真相"。例如，"邮件广告"（direct mail）：不请自来的邮件；说得再直白点，就是垃圾邮件。我们从这本书上了解到，"杀人"（homicide）是"谋杀"（murder）的文雅说法，"违法的"（illegal）是"犯罪的"（criminal）的文雅说法——似乎叫成"过失杀人"就不是杀人了，叫成"违法"意思就比犯罪的更宽泛了。与之类似，"document"（文献）、"fatigue"（疲乏）、"fib"（谎言）、"incident"（事件）、"journalist"（新闻工作者）、"miscarriage"（流产）、"nurse"（护理）、"party"（聚会）、"portly"（肥胖）、"questionable"（可疑的）、"seat belt"（安全带），以及很多其他词都被称为委婉语；而那些说话直来直去、不够委婉的人，总爱用一些更实在的词，比如：把"upchuck"（呕吐）直接说成"vomit"（吐），把"streetwalker"（街头流莺）直接说成"prostitute"（妓女）。

说到写作风格的另一个元素，拉丁语老师提醒过我们，熟悉

"他人的"语言会帮助我们学习自己的语言。这话很有道理，但迄今为止为这一目的编写的手册却令人失望。例如，《常用拉丁语集萃》（*Amo*、*Amas*、*Amat and More*）只是收集了一些拉丁语警句和格言，再加上发音、翻译和简短的评论。这本书据说可以帮助读者扫清"因作家和演讲者在英语表达中随意插入拉丁短语而产生的困扰"。为什么会"困扰"？这其实就是在暗示，应该摒弃这些短语和格言。对于格言，有比这更好的词典；而对于短语［比如"ex officio"（依照职权的）、"ad lib"（即兴而作）、"bona fide"（善意的）等］，几乎在任何英语词典里都可以查到。至于其他，我们不禁怀疑，现代读者会在什么情况下遇到"magister artis ingeniique largitor venter"（有需求才有发明）或者"ne supra crepidam sutor iudicaret"（不要不懂装懂）呢？后一句格言在老辈作家的笔下更简短："ne sutor ultra crepidam."（鞋匠的话题不离鞋子。）由此可见，可怜的读者们饱受困扰。

至于英式英语的陷阱，诺曼·舒尔[1]早在十几年前就在《自学英式英语》（*British Self-Taught*）一书中详细进行了说明。

---

1 诺曼·舒尔（Norman Schur, 1907—1992），英国律师，因编写词汇书籍而著名。

诺曼·莫斯[1]在最近出版的《英式/美式英语词典》（*British / American Language Dictionary*）一书中几乎没有添加任何新内容，这本书篇幅太短，充满了过时的俚语，而且疏漏很多，措辞笨拙［例如："infiltrated on to"（渗透）］。此外，它不仅未能把人们的注意力吸引到"chat with/chat to"（与……聊天）、"cater to/cater for"（迎合……）这类含义本来就很相似的短语区别上来，而且还忽视了区别巨大的词汇，例如"撞球（Billiards）：一种台球游戏"[2]。说真的，我们所谓的拐杖其实只是一根折断的芦苇，脆弱且不可靠。

为什么这么多建议，带来的改善却这么少呢？其中主要的原因是，文化潮流并不是朝着简单明了的方向发展，而是反其道行之，不惜一切代价追求新奇独特。普通大众卖弄起学问来一点也不比亚历山大主义的学者逊色。现代诗人和小说家，在广告商的怂恿下，已经向大家展示了如何篡改成语的原意，如何挖来文绉绉的词语展现自己的独出心裁[3]。我们日常说"metaphor"（比喻）这个词，用老百姓的说法，意思就是"这让我想起"；但下面这则消息人们听了并不会吃惊：某个参议院委员在关于中情局（CIA）的一份报告中，认为"synecdoche"（提喻法）是替代"concealment"（隐藏）一词的说法[4]。幸运的是，一位华盛顿的专栏作家对此大加嘲讽，总算把这个说法骂没了。

然而，这样的清醒之举只是个例。人们对怪异修饰词的热情持久不衰，从书中寻找支持，而这些书在本质上都属于另类。当然，也有扎实的作品，比如由三位军人联合编纂的《士兵用语词典》（*A Dictionary of Soldier Talk*），丝毫没有迎合人们猎奇的心理，是一本严谨、可靠的词典。但其他诸如《转变的吸血鬼：专为天真的人、渴望求知的人、命定之人准备的语法手册》（*Transitive Vampire: A Handbook of Grammar for the Innocent, the Eager, and the Doomed*），光是书的标题就暴露了这种心态。已故作家约翰·西阿弟[5]编写的《英语词语成语释源词典》（*A Browser's Dictionary*），大概是这类书里最具代表性的了。这本书，还有它的续集《英语词语成语释源词典Ⅱ》（*A Second Browser's Dictionary*），都是约翰·西阿弟博览群书、不懈探索的结果。他喜欢钻研民间词源学和词典编纂的旁门左道，总在书中反驳公认的观点，让读者联想到这些词语奇怪的起源。

1　诺曼·莫斯（Norman Moss，1928—），英国作家、记者。

2　English Billiards 和 American Billiards 的区别很大，球桌规格、球的数量大小、规则，都不一样。

3　广告商经常做这类篡改，在中文成语／短语里也很常见。比如：衣衣不舍（某服装品牌）、一箭钟情（箭牌口香糖广告语）、骑乐无穷（某摩托车广告语）。还有一些词汇在现代人的隐喻下已经完全变了味，比如"菊花""小姐"等。

4　"synecdoche"（提喻法）是一种修辞手段，用局部代表整体或用整体代表局部；而"concealment"（隐藏）就是遮掩、掩盖的意思。

5　约翰·西阿弟（John Ciardi，1916—1986），美国诗人、翻译家、词源学家。

例如,"fornicate"(拱形的;私通):在建筑中,"arched"(拱形)源自"forno"(火炉、烤箱);而巨型罗马建筑的下层拱门常常是拉客的地方,于是这个地方最初用来指代妓女(fornix),后来渐渐发展出它现在的意思。有些词条更像是他推测出来的,但同样有趣;例如,"knock galleywest"(打昏了),这个词的用法得到了马克·吐温的认可。还有些词条,比如"gunsel"(娈童),说是从"gun"(枪)衍生出来的,这就有点说不通了;达希尔·哈米特[1]很久以前就说明了,这个词来自德语的"gänsel",意思是小野鹅、娘娘腔。

由于亚历山大主义的诗歌和小说都必须用最新的大众语言来写,所以就需要用到《巴恩哈特英语新词语词典》(*The Barnhart Dictionary of New English Since 1963*)和《当代口语用法词典》(*A Dictionary of Contemporary and Colloquial Usage*)。同样有必要的还有俚语词典、美语词典、英语词典和法语词典,以及与之相关的双语词典。这类词典中的术语变化迅速,看来,我们其实不该出版字典,而应该出版季刊,还要专门有一章介绍最新的首字母缩略语。事实上,这些词典恰恰表明,在这部分文学作品中,词义消亡得有多快;同时也能看出,最初的词义有多么模糊。这在仅以首字母来命名事物和机构时表现得很明显。在俚语中,情况也同样糟糕。例如,"funky"这个词的含义跨度惊人,可以理解为:廉价的、有臭味的、一般来说不好的,结实的、很好的、漂亮的。

这种革新性的转变也扼杀了很多直白的词：既然"tacky"的意思是"破旧的"或者"做得不好"，原来"黏性"和"油漆未干"的意思就不再使用了。现在，人们经常说合成词、多义词，这又造成了进一步的混淆。这些新词包括日常使用的"radiothon"（持续24小时的广播）和"puritron"（空气净化器）[2]，以及文学作品里出现的更高级的混合词汇。孩子们可能不会再读爱德华·李尔[3]和刘易斯·卡罗尔[4]的作品了，但文字游戏仍在继续。成年人阅读乔伊斯（Joyce）或是他的模仿者的作品时，会很高兴见到迈拉·利文斯顿（Myra Livingston）编写的《李尔词典》（*Learical Lexicon*）。它列举了爱德华·李尔在给朋友的信中所写出的单词，举例说明了所有的修辞手法：双关语（如"phits of coffin"）、简单扩展（如"begloomed"）、混合词（如"meloobious"）、伦敦人用语（如"wurble inwentions"）

1　达希尔·哈米特（Dashiell Hammett，1894—1961），美国侦探小说家。

2　"radiothon"是"radio"（广播）和"marathon"（马拉松）的合成词；"puritron"是一个空气净化器公司的品牌，现在直接指代空气净化器。

3　爱德华·李尔（Edward Lear，1812—1888），英国著名幽默漫画家，但他主要以写五行打油诗与谐趣诗而闻名。

4　刘易斯·卡罗尔（Lewis Carroll，1832—1898），英国数学家、逻辑学家、童话作家、牧师、摄影师。写过不少散文与打油诗，著名的诗集有《蛇鲨之猎》，所作童话《爱丽丝漫游奇境》（1865）与《爱丽丝镜中奇游记》（1871）为其代表作品。

和拼写花样（如"specktickle"）。在那之后，每个人都准备好了四处冒险，从《爱丽丝漫游奇境》（*Alice's Adventures in Wonderland*）一直探索到《芬尼根的守灵夜》（*Finnegans Wake*）。

涉及宏大主题的参考书可以服务政治，18世纪法国人编写的百科全书就是第一个例子。那么，专门诠释单词的书也能做到这一点吗？最近，新修订的罗热《同义词词典》，试图消除单词中的性别偏见，期望借助单词来影响社会。丹尼斯·巴伦[1]的《语法和性别》（*Grammar and Gender*）一书有更连贯的描述，指出了通过语言歧视女性的现象。他说，这是"一系列可耻的行为"。他还讨论了20世纪为矫正代词和复合词所做的努力。但他也得出结论说，这些存在争议的英语词汇是受到了诸多因素的影响，并非只因为男性主宰异性的生理本能。当人们得知某些女权主义者想把"history"（历史）这个词改成"herstory"时[2]，他们可能会称赞这个词奇特的双关效果，却无法认同她们的学识或审慎。不管怎么说，"gender"（性别）并不是"sex"（性征）；后者是生理上的，而前者则是概念上的。在拉丁语中，"水手"和"诗人"都是阴性词。在欧洲大陆，"太阳"和"月亮"在各种语言中的阴阳属性都不同，并没有孰高孰低之分；而在英语中，这两个词都是中性的。在一种非洲语言中，如果女人的乳房小，这个词就是阴性的；如果大，这个词就是阳性的。由此可见，试图从词语的角度得出政治结论，这种做法十分愚蠢。我们还是在更坚实的基础上去实现男女平等吧。

在这一章开始时，我们关注的是知识在纷乱的事实面前会有怎样的命运；在这一章结束时，这个问题以一种新的形式引起了我们的关注。因为，不可否认的是，前面受到批评的那些书，问题都在于技术拙劣。然而，专业人士至少知道其他人写了什么，也可以借鉴他们的看法。但专业人士也有短板。举个明显的例子，已故的埃里克·帕特里奇[3]有两部杰作——《辞源》（*Origins etymologies*）和《俚语与非常规英语》（*Slang and Unconventional English*）；而他的《陈词滥调词典》（*A Dictionary of Clichés*）和《流行短语词典》（*A Dictionary of Catch-Phrases*），却显得判断力不足。他把陈词滥调和习惯用语混为一谈，比如他认为"hear a pin drop"（掉下一根针都能听到）是陈词滥调，认为"now and then"（偶尔、有时）是习惯用语；他还接连错误地解释了美国作家和历史上的英国作家所用的短语——作为读者，他读的书实在不够多。有职业病的

---

1 丹尼斯·巴伦（Dennis Baron,1944— ），伊利诺伊大学香槟分校的英语和语言学教授。

2 英语"history"中含有"his"（他的），看起来像是"his+story（故事）"的连写；所以女权主义者想改成"her（她的）+story"，即"herstory"。

3 埃里克·帕特里奇（Eric Partridge，1894—1979），新西兰—英国词典编纂者。

词典编纂者，就像一个仅凭外观就把一个个螺母和螺栓分门别类的五金经销商。这种方法蒙蔽了他的眼睛，使他看不到文字的艺术，误解了语言的生命。

词典编纂者（或语言学家）与作家（或资深读者）之间展开了冷战；任何对此感兴趣的人，都应该关注北美词典协会（Dictionary Society of North America）的出版物，这个协会的总部就位于美国特雷霍特地区的印第安纳州立大学。这些期刊是最佳意义上的亚历山大主义风格的期刊，可以让你学到很多关于文字的趣事。人们看到，编纂词典的标准变得越来越严格和抽象。人们也听到，那些制定规则的人态度傲慢，特别是对那些明白是非对错、能够凭借洞察力和观察力而非学术研究做出判断的作家们格外无情。

一篇贬低约翰·西阿弟的《英语词语成语释源词典II》的评论文章，认为这本书"不值得看第二眼"。当另一个作家对一个构词糟糕且意思完全错误的新词提出异议时，有个词典编纂者跳出来，摆出事实恫吓他："这个词已经存在很长时间了。"他在30年前的一篇文章中就看到过这个词。而真实的情况是，直到最近几个月，由于一种绝对全新的疾病在世界范围内造成了恐慌，他才在报纸上看到这个词。但这并没有改变语言学家对古老词汇的信仰——因其古老，所以合法。这种对资料的机械性依赖被误认为是客观性。我们不禁想起《韦氏大词典》（*Webster*）第三版中说，全美很多受过教育的人在日常会话中都会使用"ain't"

（不是）这个词。证据在哪里呢？经过调查，证据来自一篇研究论文，说是在美国中西部的某个地方发现了五六个这样说话的人。

就这样，词典从简单实用的工具变为了矫揉造作的仪式。我们从《外语词典的历史》（*History of Foreign Language Dictionaries*）这本精彩的书中了解到，词典起源于古代亚历山大时期，那时的学者希望借之解除希腊语中那些生僻难懂的单词所造成的困惑。在古罗马帝国晚期和文艺复兴时期，拉丁语也碰到了类似的情况。著名的词典编纂者西德尼·I.兰多（Sidney I. Landau）在《词典》（*Dictionaries*）一书中，讲述了英语词典碰到的类似故事，并明确地讨论了最新规则背后的理论。他哀叹说，没有"外部标准"来定义俚语这回事。同样，所谓的英语的"好用法"（或者说得委婉一些，"标准用法"）实际上是建立在一个循环论证上的。也就是说，之所以"好"，是因为"好"的使用者这么使用。这种循环论证使整个行业都溃烂了。毫无疑问，这一痛苦的表达让有文学修养的人认为，那些词典编纂者其实并不知道语言究竟是什么。

也许到了后亚历山大时期，人们会认定，把单词作为研究的对象实在是搞错了科学方向——原本是生物学，却误以为是物理学。语言甚至都不完全是生物学，而是人类特有的东西。与此同时，《困在文字的网中》（*Caught in the Web of Words*）这本书则令人精神振奋。它的作者是《牛津英语词典》（*OED*）的伟大设计师詹姆斯·默里爵士（Sir James Murray）的孙女。这本书对《牛津英语词典》的编纂过程进行了精彩的描述。这项庞大的工程基本上都是由业余爱好者和读者完成的,他们在詹姆斯·默里爵士这位天才的指导、哄骗和欺压下开展工作。而词典的出版商——牛津大学出版社,除了给他制造麻烦、发放微薄的补贴外,几乎什么也没做。尽管词典编纂者们批评这本词典没有遵循之后发展起来的规则,但牛津大学出版社依然靠着这份杰作带来的收益兴旺发达。在亚历山大时期,不要期待有什么公正。

试图化解冲突的做法不仅徒劳,而且愚蠢,这是对历史可悲的无知。因为历史表明,文字和精神的冲突永无宁日。另一位与詹姆斯·默里同姓的学者,吉尔伯特·默里爵士(Sir Gilbert)[1],在《一个学者的信仰》(*Religio Grammatici*)一书中,借用伊索克拉底(Isocrates)[2]的抱怨之词,说出了这一真理:"他交给菲利普的书卷无法表达出他想说的话。因为菲利普会把它交给秘书。而这位秘书,既不知道也不关心上面在说什么,只是干

1　乔治·吉尔伯特·默里(George Gilbert Murray,1866—1957),出生于澳大利亚的英国古典学者和公共知识分子,是古希腊语言和文化的杰出学者。

2　伊索克拉底(Isocrates,前436—前338),希腊古典时代后期著名的教育家。

3　可以肯定的是,最后这句话是一句比喻;但我不能确定这个比喻是在比喻什么。希腊字母"A,α"(Alpha),代表开始。《新约》中多次出现这句话,神说:"我是阿拉法(α),我是俄梅戛(ω)。"意思是"我是始,我是终"。西方读者普遍对《圣经》较熟悉,所以我猜测,这句话是想说:当我们翻阅参考书的时候,这些问题(本章探讨的问题)就开始了。供编辑参考。

巴巴地把它读出来,'没有声调起伏,没有感情变化,就好像他念的是一份物品清单'。"

我们的参考书就是物品清单。当我们翻书查找、核实的时候,菲利普的秘书就在我们的脑海中复活。也许,细心的观察者会注意到,我们的额头上就有个希腊字母"A(α)"在微微发光[3]。

历史在何处？

如果我们计算一下日常读到或听到"历史"这个词的频率，你会发现现代人相当热衷于这个话题。报纸上充斥着各种历史"发现"；大大小小的城镇都有历史学会和博物馆向公众开放；"历史保护"无处不在——老房子、废弃的厂房、铁桥、小木屋，不断有建筑被人宣称为永久不可侵犯的神圣遗迹；威廉斯堡（Williamsburg）和迪尔伯恩堡（Fort Dearbom）[1]吸引了众多游客，当地还有一年一度的纪念日。不光国家建成，就连企业成立、银行合并、杂志创刊这类的事，人们每隔一段时间都会以同样的热诚举办庆祝活动。我们的集体意识必须沉浸在历史之中，而且越多越好。

然而，遗憾的是，上述说法并不成立。我们的消遣更像是一种收藏癖，在古玩世界中徜徉，滋生出对过去一草一木的惆怅之感。这些都与所谓的关于历史的正确用途和乐趣毫无关系。有消息称，由于马可尼（Marconi）[2]用来做无线电实验的船只在上次战争中被毁，所以要"再造"一艘——这件事就很好地说明了观念的混乱。据说，没有这艘船，马可尼就"失去了他的一段历史"。这么荒谬的观点竟莫名其妙地得到了认可；那马可尼的历史会不会因后来发生的事而改变，这就说不清楚了。那条毁掉的船不过是一件纪念品，"再造"的其实是"我们"的历史，而不是马可尼的。

历史并不是从泰坦尼克号（Titanic）里发掘出的一片陶器；历史首先是那次海难，然后是一段文字。更重要的是，历史是供人阅读的文字，而不是仅用来装点书架或是写进参考文献的书目。按照这种标准，现代人肯定会被划入对历史一无所知的群体；他们既不渴望历史，也不因为缺少历史而烦恼。对他们而言，搞搞文物探宝就算是对历史的充分认可了。

可以肯定的是，很多书都贴着"历史"这个古老的标签，实

1　威廉斯堡是美国弗吉尼亚州的独立市，旅游业是经济支柱，有一片旧殖民地历史保留建筑区。迪尔伯恩堡是1803年在芝加哥河口边建造的一座屯兵要塞。这座堡垒要塞曾在1871年的芝加哥大火中被焚毁，现在旧址仍然在芝加哥保留。

2　伽利尔摩·马可尼（Guglielmo Marconi，1874—1937），意大利无线电工程师、企业家、实用无线电报通信的创始人。

际上却是盗用历史之名，迎合完全不同的趣味。这一事实可以从"历史"前面加的各种修饰词中清楚地看出来——心理史（psycho-history）、社会史（socio-history）、量子史（quanto-history）。这些变体的出现最初是受到一些法国学者的影响，这些学者被称为"年鉴学派"（Annales），该名字来自他们的出版物《年鉴》。这可以追溯到19世纪末，当时民粹主义和社会科学盛行，总有人反复提出希望研究"合乎科学"的历史，对以前的历史编纂方式感到厌烦，因此促成了这些历史研究计划。尽管期刊创刊于1929年，但年鉴学派的主要思想早在1897年到1903年间就已经由涂尔干[1]、西米昂[2]等人提出来了，他们和当时新出现的心理学家一样，决心在他们的研究课题中挖掘"更深层次"或"更本质"的特征。因此，他们对"单纯的描述"不屑一顾，认为除了史实，新的研究计划还应该为观念和态度留下空间，并将历史学家带进更广阔的生活潮流之中去。

他们很快发现，现存的多种文档一直无人问津，值得利用——郡县的卷宗、私人合同、儿童读物、大学录取记录、大城市的警局记事簿、墓地里的墓碑，这些文件和遗迹遍布各地、司空见惯，加以组织就使之有了意义。单独来看，这些文件都不重要，必须要把它们分门别类、纳入统计才行。它们具有重大意义，能让人更了解大众的生活。这满足了大众的情感。

在探究历史的名义下，这一新的流派写出了诸如此类的著作：《大开杀戒的母亲：1558—1803年英格兰和新英格兰的杀婴行为》

（*Murdering Mothers: Infanticide in England and New England 1558-1803*），《西班牙哈布斯堡王朝时期的贫困和福利》（*Poverty and Welfare in Habsburg Spain*），《美国的大学生人口》（*American Collegiate Populations*），《17世纪英格兰的疯狂、焦虑与治疗》（*Madness, Anxiety, and Healing in 17th Century England*），《1633—1789年朗格多克制衣小镇的兴衰》（*Fluctuations in the Prosperity of a Cloth-Making Town in Languedoc 1633-1789*），《理想的监狱：维多利亚文化中的家庭》（*A Prison of Expectations: The Family in Victorian Culture*）。还有信奉"深层次"心理学的人写的《白人种族主义：一部心理史》（*White Racism: A Psychohistory*）。

仔细观察就会发现，这些书采用的都是抽样法——《西班牙哈布斯堡王朝时期的贫困和福利》这本书有一个副标题："以托莱多[3]为例"。《理想的监狱》中所说的"婚姻即监狱"（或者"监

---

1 埃米尔·涂尔干（Émile Durkheim，1858—1917），法国犹太裔社会学家、人类学家，与卡尔·马克思及马克斯·韦伯并列为社会学的三大奠基人。《社会学年鉴》创刊人，法国首位社会学教授。

2 弗朗索瓦·西米昂（François Simiand，1873—1935），法国社会学家和经济学家。

3 托莱多（Toledo）是西班牙的一座古城，位于马德里以南70公里。

历史在何处？　　081

狱即婚姻")是通过维多利亚时期五位小说家的生活来描述的。《疯狂、焦虑与治疗》这本书则是在分析一位有丰富执业经验的占星理疗师的工作。请注意,这些研究的时间范围和样本的范围一样狭窄:杀婴研究到1803年为止,制衣业的兴衰到1789年为止。而那些证据的局限性就更大了。读者必须把托莱多看成整个西班牙、把五段(不寻常的)婚姻看作所有人的婚姻才行。那些碰巧想要了解历史的读者在读到上面这些著作的时候都会忍不住问:我能从中得出什么推论呢?我为什么该读这个,而不是读别的呢?

用静态状况取代动态事件的做法正符合亨利·贝尔[1]在1920年说的那句格言:事件史可以休矣!不光是人物和人物的行动,历史的另一部分也被遗弃了:年表。我们以牛津大学著名学者西奥多·泽尔丁(Theodore Zeldin)的书《法国:1848—1945》(*France: 1848-1945*)为例:两卷书中充满了史实和评论,是作者历经多年、目光独到的研究成果。这本书的书名中有年代,看上去有些欺骗性,但它的章节并不是按年代,而是按社会范畴划分的:志向、爱情、政治、婚姻和道德等。作者认为自己研究的是"法国社会中永恒的元素",希望以此"抗衡对历史事件的研究"。

为了做到这一点,他同时研究六种职业。他认为以下这些是资产阶级特有的职业——医生、公证人、富人("富人"显然被认为是一种职业)、实业家、银行家和官僚。作者说:"它们如何相互作用，它们与国家的其他部分如何发生联系，是件很复杂的事情。"人们会想，这个"它们"太难定义，难免误入歧途。为此，作者挑选了一些逸事来呈现，人们读来有阅读早期编年史的感觉：某人做了这件事，某人做了那件事。在编年史中，所有的事情按照年、月的顺序来梳理；而在这本书里，这些逸事的时间跨度达97年。这里有个潜台词：这些职业在这个时间跨度内没有发生变化。然而，读过"传统历史"的读者们都知道，在1848年，医生的社会地位和收入肯定没有1945年那么高。

同样令人不安的还有史实的来源。某个叫约瑟夫·德罗兹（Joseph Droz）的人在1806年写的一本关于婚姻的书，被作者用来证明当时的出版物对这个问题的看法。不幸的是，只翻过几页后，作者又以完全矛盾的方式引述了同一本书上的内容。另外，书中还引用了一本1883年的书，详细说明了婚姻的三种动机：便利，同情或爱情，以及责任。便利和责任无疑是相关的，可是，女方的责任是让双方家庭都获得便利，还是只要让夫家获得便利就够了？然后，书上又一次出现时间上的跨越，我们看到1947年的一项民意调查，绝大多数人将爱情作为结婚的首选理由。我们又该如何从这一切中演绎出"法国社会中永恒的元素"呢？书中并没有给出答案。我们从书中引用的小仲马（Dumas

---

[1] 亨利·贝尔（Henri Berr，1863—1954），法国哲学家，新史学的先驱。

fils）和亨利·波尔多（Henri Bordeaux）[1]的戏剧、米什莱（Michelet）[2]的散文，以及从福楼拜（Flaubert）到普鲁斯特（Proust）的各种小说中，也找不到答案。事实上，在引用福楼拜的一段话时，作者完全没有注意到福楼拜那段话中明显的讽刺意味。

在这里，尽管作者的研究方法经不起推敲，但我关心的与其说是他的方法，不如说是他的目的。假如泽尔丁先生写这部书的目的完全达到了，我们得到的是历史吗？我认为不是。那我们该怎么称呼他的作品呢？我认为正确的名称是"回顾性的社会学"（Retrospective Sociology）。为什么它不是真正的社会历史呢？原因在于它忽视了年表和叙事的连续性，而社会历史反映的是生活状况随时间的推移所发生的变化。但是，我所谓的"回顾性的社会学"难道就不能在历史领域占有一席之地吗？当然可以。麦考利·特里维廉[3]著有《英格兰史》（History of England），他在精彩的第三章中试图重现1685年的社会状况。下面就是我的观点：特里维廉的描述中带有日期，与叙事环环相扣；这些描述作为一个背景，其上发生的所有事件都有名可查、有日期可循。我不相信有人能把泽尔丁先生那些杂乱无章、没有时间背景的材料按照任何顺序理顺。

而且，正如他反复告诉我们的那样，这些材料甚至不能满足他自己的需求。他说，"很难从简单的意义上，把影响力或凝聚力归属到"他所研究的六种职业上。至于"普通人的雄心壮志，因为没有记录，所以也很难在书中加以论述"。对于"已婚夫妇之间的情感关系"（原文如此），这些"甚至比丈夫对妻子的要求和期望更难描绘。纵观整个时期，答案也各不相同"。

面对作者亲口承认的徒劳无功的言语，有人可能会推断，这本书算不得该学派的好样板。但评论界的说法却恰恰相反，他们说这是一部出色的、新颖的、有启发性的历史读物。同属这个学派的费尔南·布罗代尔[4]，十年来靠同样的方法为自己赢得了至高荣誉。直到最近，《泰晤士报·文学增刊》（*Times Literary Supplement*）的一位评论家才大着胆子低声嘀咕了几句，说布罗代尔的著作就像掌管灵感的缪斯之神在裸奔——战争、外交、王朝更迭和其他事件，这些职业装备在这位女神身上一件也看不到。正如约翰·H. 普拉姆[5]对布罗代尔的评价那样，年鉴学派的

1　亨利·波尔多（1870—1963），法国作家、律师。

2　儒勒·米什莱（Jules Michelet，1798—1874），法国19世纪著名历史学家，以文学风格的语言来撰写历史著作，以历史学家的学识来写作散文，被学术界称为"法国最早和最伟大的民族主义和浪漫主义历史学家"。

3　原文中的 Macaulay（麦考利），实际上应该是指特里维廉（George Macaulay Trevelyan，1876—1962），英国史学家。之所以称他为"麦考利"，因为他是第一任麦考利男爵（Thomas Babington Macaulay, 1st Baron Macaulay，1800—1859）的甥孙，这位男爵也是著名的历史学家。

4　费尔南·布罗代尔（Fernand Braudel，1902—1985），法国历史学家，年鉴学派的第二代代表人，提出了著名的长时段理论。

5　约翰·H. 普拉姆（John H. Plumb，1911—2001），英国历史学家，因撰写英国18世纪的历史著作而闻名。

一个明显特点就是徒劳:"证据不足,没有把握,彼此全不相干;布罗代尔自己也承认,误差范围如此之大,以至于精确计算几乎毫无意义。得出的结论还是我们从大量的文学资料中(已经)知道的东西。"

即使真的出现了一类无所畏惧的人——比如普雷斯考特[1]或者布克哈特[2]式的,麦考利·特里维廉或者约翰·理查德·格林[3]式的,米什莱或者蒙森(Mommsen)式的——为公众撰写历史,公众是否会满怀热情地欢迎这些作品,也犹未可知。受过教育的普通读者已经丧失了某些品位,但增添了另一些品位。他们阅读小说时,和阅读历史一样,关心的不再是情节甚至叙事,他们想看到的是心理状态(mentalités)、怪异的细节和分析的深度。所以,他们一般都喜欢心理传记及普通传记类读物,只要这些传记中充斥着"流露真情的细节",充斥着核心人物咄咄逼人的观点就行。

此外,不知怎的,公众对历史真相有了一种激进的怀疑主义,这也许是受到哲学家的间接影响,也许是从《战争与和平》(*War and Peace*)或者《帕尔马修道院》(*The Charterhouse of Parma*)中学来的。如今,到处都是关于"元史学"(Metahistory)的讨论,讨论过去是什么、人们如何理解过去,以及谁可以重建它。这些理论性的讨论太多了,以至于聪明的门外汉现在都以怀疑为傲:记录是扭曲的,真正的过去是不可能复原的。如果有人提出异议，回答也是现成的："修正主义（Revisionism）展示了一个又一个神话；历史是由政治推动的——事实上，历史就是阶级斗争的武器；说到底，旧时代的英雄也都是普通人，他们对历史事件并没有什么影响——一切都是强权推动的结果。"

时不时地，公众的思想确实会被一些新的"诠释"迷惑，尤其是对某种病因诊断的"诠释"：罗马帝国的衰落是由于痛风，或是由于铅中毒，或者兼而有之。这的确很有趣。"古罗马人纵情狂饮的欲望"和他们的铅制酒罐所造成的威胁，的确使人眼前一亮。更常见的情况是，人们对历史哲学的关注只能维持很短的时间。汤因比（Toynbee）[4]的历史书也提供了一些朗朗上口、表现自然法则的精彩短语。但"阅读历史"已经成为一项失传的业余爱好。

---

1 塞缪尔·普雷斯考特·希尔德斯（Samuel Prescott Hildreth，1783—1863），先驱医师、科学家和历史学家，创作了许多科学和历史著作，他的历史著作主要以第一人称视角为基础撰写。

2 雅各布·布克哈特（Jacob Burckhard，1818—1897），瑞士最伟大的文化史、艺术史学家，他的著作《意大利文艺复兴时期的文化》一书已经成为处理一般文化史的典范。

3 约翰·理查德·格林（John Richard Green，1837—1883），英国牧师和历史学家。在他的笔下，人民群众才是关键，他的著作文笔优美，逻辑性强，传颂广泛。

4 阿诺德·约瑟夫·汤因比（Arnold Joseph Toynbee，1889—1975），英国著名历史学家，曾被誉为"近世以来最伟大的历史学家"。

我是不是忽视了历史小说的流行？已故的路易斯·拉摩[1]在此方面业绩颇丰，还获得了一枚国会勋章。在法国，历史小说十分畅销，就连犯罪小说如今也喜欢为谋杀和侦破设置一个历史背景。但是，这些小说中最好的作品也不过是展示了一些奇特的细节而已。人物角色的态度和语言通常还是现代的，和当时的时代脱节，根本无法与司各特、曼佐尼[2]或大仲马（Dumas）的作品相提并论。

如果小说不是寻找虚构历史的好地方，那么电影和电视呢？在这两个领域，吸引眼球的是服装——因此，英国广播公司（BBC）播放的是高尔斯华绥的《福尔赛世家》（*The Forsyte Saga*）[3]，以及其他的英国历史剧。接着又出现了一种新的影视类型——历史文献片，它把旧的新闻片拼凑在一起，让不知情的观众以为是在"目睹"历史。但这类片子做得太多了，引发了法律和其他方面的抗议，抗议者信誓旦旦地说，这些片子在精神和方法上都是反历史的。与现在的历史文献片相比，莎士比亚的历史剧简直堪称学术研究的典范。

说到电影，一位艺术评论家曾试图解释"如今的电影为何都转向历史题材"。除了给予几部具体的电影褒奖外，他实在没有做什么解释，只是说"历史可以有效地提供距离感和疏离感，我们能从中更好地看清当前的格局"。他还引用乔治·桑塔亚纳[4]那句被人用烂了的话：忘记历史的人注定要重蹈覆辙。我也喜欢"距离感"这个词。但在我看过的历史题材的电影中，屏幕上演的和真正的历史相去甚远。此外，人们会疑惑，像《甘地传》（Gandhi）这样一部对人物冲突轻描淡写的电影如何能"揭示当前的格局"呢？据说，在一部名为《丹东》（Danton）[5]的波兰电影中，那位英雄主人公"与莱赫·瓦文萨[6]没什么两样"，这种相似之处肯定不是从历史中找到的灵感。同样，人们如果听到另一位评论家评价《丹东》这部电影的话会很满足，他说："与俄国革命的巨大规模相比，1789年的法国革命不过是一场室内剧而已。"

这些话说明了电影业的专业人士在面对历史时的心理状态。

1　路易斯·拉摩（Louis L'Amour，1908—1988），美国小说家，主要写西部小说和流行小说。

2　曼佐尼（Alessandro Manzoni，1785—1873），意大利作家、诗人、剧作家，历史小说代表作有《约婚夫妇》。

3　《福尔赛世家》是英国1932年的诺贝尔文学奖获得者约翰·高尔斯华绥（John Galsworthy，1867—1933）的代表作。2002年被BBC改编成同名电视剧。

4　乔治·桑塔亚纳（George Santayana，1863—1952），西班牙著名的自然主义哲学家、美学家，美国美学的开创者，同时还是著名的诗人与文学批评家。

5　《丹东》上映于1983年，波兰电影，讲述法国大革命时期的两个英雄人物——乔治·雅克·丹东与罗伯斯庇尔，本来是一起分享革命胜利的革命派，却无奈因为理想的不同而分道扬镳，后来更成为宿敌。

6　莱赫·瓦文萨（Lech Walesa，1943— ），波兰政治活动家、团结工会领导人，他是木匠的儿子，仅受过小学和职业学校教育。1983年前后，瓦文萨曾因建立"自治共和国"而被当局监禁近一年。

马克斯·奥菲尔斯[1]拍过一部法国电影,讲的是德国占领法国的那段历史。有人沮丧地回忆说,奥菲尔斯后来在一本关于这部电影的书中承认,他所谓的纪录片也是虚构的。这位导演在书中说,在拍摄过程中,他对这个或那个演员的感觉每天都在变化,他也会相应地调整拍摄重点,在谁是恶棍、谁是爱国者的问题上常常摇摆不定。这个令人不快的想法让我想起了一位小说家对一位电影制作人的评价:"他这个人是在不说实话的前提下,尽可能地接近历史的真实。"

在社会中,历史能够——或是在传统上被认为能够——生存的最后一个角落就是学校。历史在学校是必修课,旨在通过年轻人的头脑把历史一代代传递下去。然而,美国已经有30个州放弃了历史教学,且此举并没有引起太多的抗议。不管怎么说,对历史的喜爱在年轻人当中从来都不普遍——这是一种成熟的品位,需要一定的生活阅历做积淀。在《诺桑觉寺》(*Northanger Abbey*)中,简·奥斯汀借年轻的女主角凯瑟琳·莫兰(Catherine Morland)之口这样描述历史:"作为义务我才读点历史,但是历史书里的东西总是惹我烦恼、厌倦……男人都是饭桶,女人几乎没有一个,真令人厌烦。"今天,年轻人读历史的感受远不止是困惑和厌烦,他们对真实的历史,不是否认就是憎恨。

总的来说,学校里的历史课要么不吸引人,要么不够透彻。

专为年轻人写的历史书籍《地标系列丛书》（Landmark Series）非常精彩，但由于无人问津就不再往下写了。这似乎就是当前的病症，不足为奇。三年前，我得到美国国家人文基金会（National Endowment for the Humanities）的资助，成为历史教学委员会（Commission on History Teaching）的顾问，走访了新英格兰地区一个州的几所中小学，考察历史教学。这些学校的水平明显高于平均水平，而且历史课的教学也没有被"社会科学"冲淡。在7年级和11年级，不少煞有介事的"研究工作"占据了主导地位。那些13岁的孩子听着老师飞快地讲完写在黑板上的关于《印花税法》（Stamp Act）的内容，然后一窝蜂地围着一书架的平装书，从书里找出更多的细节写下来。不过，并不是写在自己的笔记本上。这叫作团队研究，学生们或躺或坐在地板上，一个孩子充当抄写员，拿一支铅笔往摊平在地毯上的纸卡片上写写画画。家庭作业是两周内完成一篇历史论文："从三个角度描述梭罗（Thoreau）的性格，分别从他的故乡康科德（Concord）的市民的角度，从梭罗自己的角度，以及从肥皂剧的角度。"

在这些中学生的研究过程中，我受邀提供协助。我和全班同学及老师一起列队走进图书馆，打扰了那里为数不多、正在用功

---

1 马克斯·奥菲尔斯（Max Ophuls，1902—1957），德国电影导演，被广泛地认为是德国电影史上影响最大的导演之一。

学习的年轻人。我们拿出最近的几期《读者指南》(Reader's Guide),每人挑一个国家,希望至少找到两篇描写这个国家某个伟人的文章。我负责指导的两个小姑娘,一个选择了埃及,一个选择了希腊。经我稍加指点,她们找到了相关标题,却很难进行下去。在手头的那卷期刊里,有一篇是讲萨达特[1]的,还有一篇是讲克利奥帕特拉(Cleopatra)[2]的,但期刊里再没有关于他们的其他文章,或者讲其他人的文章。她们还得记下这些令人困惑的研究,回到课堂后再继续讨论;我们几个一致认为,这个练习没什么意思。我本该在前一周就到这里的——他们当时展开了一场经过准备的辩论,各方分别站在资本主义、社会主义和无政府主义的角度开展辩论。那个选择埃及的女孩模仿的角色是卡尔·马克思(Karl Marx),在全班投票中赢得了胜利。

在另一所中学,引人注目的是,他们在课程目录中为所有的历史课都做了配对。所有历史课都是选修课;在每对课程中,第一门课听起来都很正经,而第二门课就更吸引人一些。比如"欧洲历史上的男人和女人",课程简介是:"专为那些觉得自己学不了常规历史课的同学量身设计。"自从西方文明史这门课倒下后,大学新生一般都能自诩对历史的认识是"白纸一张"了。

在访问学校期间,我翻阅了六本美国历史教科书。当然,所有的课本都小心翼翼地避免使用"历史"这个讨人嫌的标题。它们用的是"历险"(adventure)或"实验"(experiment)这样的词,前面再加上国家的名称或者国家修饰语。所有的教科书都是四开本,又厚又重,插图华丽。它们采用漫画书常用的四色印刷,双页对开。看这种书,任何连续性的思考都别想有。上面的课文像一条细流,蜿蜒流过地图、肖像、风景、用方框圈起来的统计数字、标题和各类问题:"你认为这张画里的本杰明·富兰克林(Benjamin Franklin)多大年纪?"每本教科书都配有教师手册,堆满了各种建议,可以看出教材的编写者自动低估了教师的知识储备。

纵观这些教科书,它们的原则似乎就是:不连贯——全是碎片化的知识,与书本外的世界如出一辙。必须依靠抢眼的图画吸引学生的注意力,并不断用教学活动加以刺激,哪怕是装模作样的活动也行。如果没有电影胶片可看,或者不能实地考察,"研究工作"就派上了用场。即使这些小学生只能笨手笨脚地模仿,这种研究不也是学习历史学家工作方法的途径吗?

他们这样做的目的是什么?这是一个悬而未决的问题。我们不该责怪学校,不该责怪教科书的编写者,更别说责怪这些年轻人了。在现代生活中,太多的思维习惯、偏好都和历史写作与欣赏背道而驰。在成为专家的过程中,历史学家帮助培养出了专家

---

1 穆罕默德·安瓦尔·萨达特(Mohamed Anwar el-Sadat, 1918—1981),埃及与阿拉伯世界的政治家,埃及前总统(1970—1981年在任)。

2 克利奥帕特拉七世(Cleopatra,约前70—约前30),通称为埃及艳后,是古埃及托勒密王朝的最后一任女法老。

型的读者：有些人只读南北战争军事史；有些人只关注工业考古学，比如在全国各地寻找古老的铸造厂遗址。历史故事就是卖给这些"爱好者"的。有一次我随便翻开一本书，立刻被一句话吸引了，那句话就是这种观点的典型代表："法国大革命是牙医业的灾难。"

假设有本可读的历史书，读它有什么用呢？最平常的说法就是，能够增长人的阅历。每个人都有自己的历史——有习以为常的小事，也有上周发生的惊天大事。历史，就像幸福一样，植根在你的心中。阅读历史，能在已经植根的经验中添加自己族群及其他族群的体验。通过阅读历史，人们会在头脑中形成脉络清晰、值得记住的体验。

然而，这些体验有什么明显和直接的用途吗？花时间去熟悉已经死亡并且消失的东西有什么必要呢？光是了解我们自己的时代就已经够难的了。况且，如今最聪明的头脑更愿意研究未来。人们还没有充分认识到，我们当下想要什么，以及未来生活能实现什么，两者都是浩瀚历史的产物。如果对历史的构成产生习惯性的认识，我们就能学会如何分类整理自己的愿望，也许还能改进我们控制未来的手段。这并不是说，学历史就能获得什么公式或配方；而是说，学习历史可以培养出对世事的判断力，培养出直觉，知道什么是可能的，什么是重要的。

奥特加[1]认为，现代人"忘却了自己的历史"，而且当代政治家对相关历史的知识远不如17世纪的政治家丰富。在17世纪，你很难找到什么好的历史书。对于所有的意见领袖和行动领袖来说，熟悉历史似乎是必不可少的，因为他们所选择的职业就是要推动事情运转，而历史会告诉他们事情将会如何发展。历史具体"且混乱"，它培养了远见和见微知著的能力。我所谓的"回顾性的社会学"只研究单一主题，无法提供这样的远见卓识。这种主题是以合适的角度在事件的洪流中切出一个横截面，而历史则是在所有领域中关注一切盘根错节的混乱局面。

理想情况下，历史故事应该展现出事件发生时错综复杂的行为和想法——政治上的、艺术上的、商业上的、宗教上的，时尚界的、体育界的，愚蠢的行为和犯罪的行为。但故事需要一种模式，才能被人理解和流传下去。"历史是你能记住的事。"因此，传统上，历史学家把历史分为几大类，每一类都重点关注某一方面——政治、经济、文化等。大众的其他行为也包括在内，作为背景或者中景故事展现出来。但不论在哪一类历史中，只有政治事件才能提供框架，提供骨骼，因为政治是人类活动中最持久和最引人注目的部分；它影响整个社会，也是最容易理解的。对于西方世界的读者来说，要理解远东的宗教可能要花费数年的时间研习，但想象发生在中国、印度或日本的宫廷政变却毫不费力。

1　约瑟·奥特加·伊·加塞特（José Ortega y Gasset，1883—1955），20世纪西班牙最伟大的思想家之一。

把历史从那些截然不同的研究方法中解放出来，免受它们的伤害，并不意味着轻视社会科学和其他思想性学科的一般性研究方法。在一百年前，没有必要去描述历史是什么，历史能做什么；19世纪的人热衷于阅读历史，这种思维方式得到普遍认可。我们可以从萧伯纳（Shaw）的戏剧开场白，甚至从他的书信中看到这一点。然而，如今的理论、概括表述及抽象化已经取代了对过去事件的具体想象。正如报纸上所称的那样，这些"历史的碎片"资料是无法替代的，而这一缺陷恰恰对我们产生了负面的影响。

在这一点上，以色列外交官阿巴·埃班[1]做出了坚定的回应。在谈到当前对国际事务的培训潮流时，埃班博士说："我真的不认为（这种潮流）可以与生动鲜活的历史图景相比拟。如果必须要做出牺牲的话，我宁愿牺牲这些分析中略带抽象的术语，而不是放弃对国家所处困境的直接思考。"

19世纪的人学习历史不是为了国家利益，而是为了愉悦身心。在这个对什么都要研究一番的文化中，我们需要重申这一点，正如我们重申艺术品也是为了愉悦身心一样。阅读历史的乐趣多种多样：它锻炼并丰富了想象力；它揭示出陌生事物和熟悉事物之间的细微差别；它把人类的英雄壮举和邪恶行径并排呈现；它软化了党派之间水火不容的冲突，你会看到没有几个人十恶不赦。所有这一切，会给你带来相对平和的心态。这种平和并不是愤世嫉俗的冷漠；相反，它是一种悲天悯人的态度，就像你在阅读伟大的小说和史诗时获得的感受一样。

坦诚迫使学习历史的人经常面对其研究领域中的各种怀疑，经常面对社会上普遍认为阅读欧美历史是狭隘和徒劳之举的怨言。公众说，我们应该全面了解非洲和远东的历史，因为我们与这些地区的关系"至关重要"。这些反对之声已经造成学校和大学课程的变化；人们甚至听说，有些中学的家政课准备教学生如何烹饪"一道东方膳食"来"增进对世界的理解"。这种无稽之谈只会进一步加深误解。远东不是由几个彼此相似的国家组成的，它是由众多的民族组成的。就像许多欧洲或者美洲的国家一样，这些民族的传统各不相同。单是印度一个国家，就有300种语言、多种不同的宗教，以及多个彼此敌对的种族，一个人需要多年的研习才可以说有所了解。了解非洲的难度也差不多——而且还要再加上一个困难：要了解所有这些地区，必须掌握他们的语言，而这些语言非常"异类"，十分复杂。假使这些条件都满足了，读者对这些历史也有了充分的了解，但如果他缺乏对自身的西方传统的认识，也远远谈不上拥有世界性的视野。

对于学习历史知识而言，一个更合理的反对理由是对历史的本质提出哲学角度的质疑：历史怎么可能是真的？历史学家们彼此争执，不断地对同一事件重新进行论述。修正主义没完没了。

---

1 阿巴·埃班（Abba Eban，1915—2002），以色列外交之父，1966年至1974年他出任外交部部长时的一系列杰出外交手腕使以色列安然度过1967年的危机，他的演说才华为他赢得了极大的声誉，也帮助以色列经受了很多重要的考验。

至于那些古典历史学家,难道不是都错了吗?难道不是全都过时了吗?更糟糕的是,他们难道不是只关注帝王将相和征伐掳掠,而对老百姓的生活不闻不问吗?显然,在这个大众的时代,如果要关注历史,就必须关注与当下的关注点相符的历史。

提出上面这个要求后,我们兜了一圈又回到了起点,又落入了回顾性社会学家的手中,他们的思路就是考察从前的例子来解决现在的问题。当然,喜欢这类历史读物是个人的自由,但社会科学永远不会给人们一种全面的历史观,也不会激起人们对历史的想象。同时,我们也不该轻信那些关于战争和国王的伪善言辞,以及在叙述历史时"大众"的缺失。所有伟大的历史,描述的都是大众的生活和思想。如果这些历史中列举了那些重大事件的推动者和变革者的名字,那是因为,若是省略他们的名字,这些"历史事件"就会从历史中消失。

对于历史没有确定的真相这一指控又该如何作答?为什么每过二十年,历史就要重写一次?为什么两本历史书在同一个话题上没有完全相同的说法?这是因为,历史研究的是生活,任何叙述都不会穷尽生活的所有元素以及这些元素之间的关系。每个历史学家都会从记录中发现一些东西,建立起自己的框架,通过控制自己的想象力来重建现实。除非有人可以指出明显的错误并能拿得出证据,否则,他所写的故事和其他谨慎之人所撰写的故事同样真实。所有这些故事都是不完整的。随着时间的推移,会出现新的关注点、新的概念,历史又会重新出现在新的视野之下。

于是,阅读历史的读者会读到两种、三种、五种,甚至十种关于同一时期的论述。虽然读到了大量不同的论述,同时他也会发现大量相同的事实。要想知道全部真相,必须先钻进上帝的心里。

至于"过时"这个问题,古典史家著作的现代版本采用脚注的形式更正其中的错误;但值得注意的是,这些更正产生的影响微乎其微。最重要的更正是修正某个人的形象:某某人是不是对某件事负责,或者在其中起的作用比原先那个人要高或者低。这样的更正通常来自某位辛勤工作的传记作家。这就引出了一个问题,为什么不干脆用传记作品取代历史读物呢?这样不是更好吗?答案是,在传记作品中,用 300 页的内容把一个人的生活放在世界的中心,这么做会造成篇幅和人物在历史上的真实占比失调。爱默生(Emerson)[1]说历史不过是一本本传记的合集,这种观点是错误的。因为,如果精心整理这些"人生",那么每一个都是一个完整的框架,它们是不可能叠加在一起变成一套叙事文集的。

最后,我们还必须明白,"阅读历史"并不意味着要"涵盖"所有特定的区域或时期。可以肯定的是,阅读范围越广,判断力就越强,对于人类克服自身缺陷所取得的成就也就越感到同情和

---

[1] 拉尔夫·沃尔多·爱默生(Ralph Waldo Emerson,1803—1882),美国思想家、文学家、诗人,代表作品有《论自然》《美国学者》。

尊重。历史正如吉本（Gibbon）[1]所说的那样，是一个关于罪恶和愚蠢的长篇故事。但除此之外，它也是一个关于天才、勇敢、沉默、坚持不懈的故事。如果没有这些美德，人类就不会发现住在洞穴里比住在旷野更好。我们不仅要知道，而且要感受到这些真理，它印证了布克哈特在谈到培养历史感的价值时说的那句格言："不是下次更聪明些，而是要永远更睿智。"

---

[1] 爱德华·吉本（Edward Gibbon，1737—1794），近代英国著名的历史学家，影响深远的史学名著《罗马帝国衰亡史》一书的作者，18世纪欧洲启蒙时代史学的杰出代表。

批评家有什么用?

在任何年代,对于本章标题中的问题,艺术家的回答都会毫不含糊、始终如一:批评家一点用都没有。斯威夫特很久以前就总结过艺术家的这一态度:"批评家就是学术界的雄蜂,它们吃蜂蜜,自己却不酿蜂蜜。"另一些伟大的艺术家甚至指控说:批评家个个浅薄无知;他们败坏了公众的品位,攻击并毁掉天才;他们是失败的艺术家,否则也不会去当批评家;他们属于(还是斯威夫特说的)妓女和政客这类人。我见过其中唯一对批评家说过几句好话的是作家乔希·比林斯[1]。不过他是个幽默作家,说的也许是反话:"要成为优秀的批评家,就要比大多数人拥有更多的头脑和判断力。"这个主张并不过分,但它并没有解决艺术家的不满:到底为什么要有批评家?

答案似乎不言自明。没有外力的帮助,艺术自己是不会传播的。艺术家需要信使、媒人,更不用说掮客了。在高度文明的社会里,对艺术家来说,最糟糕的就是死一般的寂静。

防止艺术胎死腹中是一件有价值的工作。当柏拉图(Plato)谈到苏格拉底(Socrates)的母亲时,他说:"助产士都是受人尊敬的女性,具有一种敢于面对失败的品质。"他在这里也是暗指苏格拉底将自己比作思想的助产士这一观点。出于同样的原因,批评家也应该受到尊重,并勇于接受攻击。艺术家和批评家就像两性战争中的男人和女人,就像资本家和劳动力,就像作家和出版商——是伴随着冲突而出现的对抗力量。

在批评家中,评论家(reviewer)的杀伤力最大,受到的攻击也最激烈。年轻的歌德曾高喊:"杀了那条狗,他是个评论家。"然而,要求批评家在批评之前先成为创作者,这办法听起来虽无懈可击,却十分愚蠢。一个人不需要成为厨师,也能说得出煎蛋卷里的盐放多了。而一些评论家,尽管每天评论平庸的作品,苦不堪言,却对自己的短板直言不讳。一位英国戏剧评论家在看戏之前就写好了专栏文章的部分文字,他坦诚相告:"不管我想不想了解,我的两百万读者需要了解这部剧。"

艺术家希望只被艺术家评判,这种想法不但是乌托邦式的梦想,而且是十足的愚蠢之举。尽管在嫉妒心或者狭隘的偏见没有

---

1 乔希·比林斯(Josh Billings,1818—1885),19世纪美国知名的幽默作家。

作祟的时候，艺术家在技艺和艺术表现方面可能称得上是优秀的鉴赏家；但众所周知，艺术家除了自己的作品，对其他任何类型的作品都视而不见。不管是有意还是无意，他们在成名的道路上——或者说在阻止别人成名的道路上，都发挥了作用。例如，当福楼拜阅读司汤达（Stendhal）的《红与黑》（*The Red and the Black*）时，这本书已经出版了20年，但仍未受到追捧。福楼拜评价道："我发现它写得太糟糕了，写作意图和人物角色都令人难以理解。我一直不明白巴尔扎克（Balzac）看中了他什么。"在司汤达自己的时代，他的朋友兼同行梅里美[1]也给出过类似的结论："你为什么非选一个绝对不可能成为英雄的人做主角呢？而且，为什么选了这个人做主角后，还要用你杜撰出来的高尚性格为他涂脂抹粉呢？在他的行为中，我没找到一种符合他的性格。"

上面两段评论中，任何一段都会让评论家留下永世的骂名。此外，说到时间，艺术家怎么会乐意浪费自己的时间来评论彼此的作品呢？当萧伯纳和柏辽兹[2]这样的艺术家迫于经济原因不得已而为之的时候，对这种受奴役的行为痛恨不已；同时，艺术家为糊口耽误了创作，也让世界蒙受了损失。

结论是必然的：批评工作必须留给想做这项工作的人。批评家必须随叫随到，为公众指点迷津。正因为在古今艺术中存在很多流派和难点，所以批评家也必须有不同的类型——从文本批评到印象主义批评，从形式主义批评到文化批评。当然，除了这些类别外，批评家的智力水平、教育程度，以及最重要的——感觉的敏锐程度和道德构成，都决定了他是否适合批评这件/这类作品。许多糟糕的批评都是因为艺术家和批评家在气质和感觉的敏锐程度上不匹配造成的。

批评本身并非一成不变。随着时间的推移，批评的力量越来越强，用词越来越丰富，范围和性质也发生了变化；但在一开始，它们并没有什么条条框框。在但丁的系列组诗《新生》（*La Vita Nuova*）中，人们发现很多地方都附有散文注释，告诉读者诗的前四行和后六行各说了什么，诸如此类。但丁显然认为，除了道德解释和神学上的解释之外，他的同时代读者还需要这样的帮助。

文艺复兴时期的批评家饱览古希腊罗马的经典著作，认为自己有责任根据从古书中推出的规则来评价现代作品，不管这些规则是否合理。批评家变成了法官，他质疑罪犯，并根据法律判处有罪或无罪。随着这种新古典主义思潮的衰落，批评家抛弃了这种绝对主义做法，成为历史相对主义者（historical

---

1 普罗斯佩·梅里美（Prosper Mérimée，1803—1870），法国现实主义作家、剧作家、历史学家。

2 艾克托尔·路易·柏辽兹（Hector Louis Berlioz，1803—1869），法国作曲家、指挥家、评论家，法国浪漫乐派的主要代表人物。

relativist）。他们描述作品的背景，解释作品的形式，或罗列或掩饰作品的瑕疵，最后宣布作品成功还是失败。这一类批评家总是试图左右我们的想法。

他们的对立面——形式主义批评家（formalist）——认为，艺术作品是"服从自身规律的自主创造"，最好把它看作是与生活完全无关的东西。因此，任何参考历史、传记，以及有影响力的人或事的做法都是不对的。这些批评家不愿意解释词义的改变，因为这显然也是历史的一部分。他们更喜欢谈论结构、隐喻、修辞、意象、主题和神话。在美术领域，他们解释符号（又和历史沾了一点边），并且更抽象地讨论空间、透视、对角线、三角形、黄金分割、色彩理论，以及他们执意称作"韵律"的东西。同样，在音乐和戏剧领域，每一类批评家各自都能选出某些元素，并认为这些元素足以让人"领悟作品"。但是，尽管历史主义批评家愿意承认形式主义批评家的价值，还是被后者毫不留情地一脚踢了出去。

伟大的艺术深奥玄妙、层次丰富，对新的诠释敞开怀抱，这赋予了批评家永恒的地位。他可以从旧文本中发现新作品。换句话说就是，他可以重新吸引我们的注意力，唤醒鉴赏力，挽救被忽略的作品，为以前被判了死刑的作品恢复名誉。认为一个全知全能的后来者能一劳永逸地判断作品的优劣，这种观点就是缺乏根据的神话。但后来者有后来者的优势，他们能在"某些"作品中看到以前批评家的评语、当时的时髦用语和陈词滥调——这些言论出自批评家之口，在教科书中反复重现。要想理解后代批评家的功过，我们不妨看看莎士比亚的地位在历史上的变化。莎士比亚的形象从最初的乡野诗人到后来的伟大艺术家，都是批评家们孜孜不倦、密切关注的结果。

要产生这样的变化，就必须有足够多的新观点崛起，让老观点彻底沉寂。如果有人认为对某个艺术家或艺术作品曾经有过一致的评价，这种想法都是错误的。厌恶、冷漠或误解的态度永远都会存在。即便多数人都持褒奖之词，优秀的评判者也无动于衷，只不过暂时不提出异议，形成一种隐藏的无秩序状态。占主导地位的意见和被压制的意见仍然同时存在，这种平衡永远飘摇不定，因为世界在变，公众的心境在变，从而带来不同的愿望和诉求。

我可以证明，六十年前的公众认为莫扎特是个浅薄、轻浮的艺人，根本无法与贝多芬和瓦格纳[1]相提并论。喜欢意大利歌剧是音乐品位庸俗的标志。同样是在那个时候，公众认为狄更斯是个粗鲁的、多愁善感的小说家，他的小说都是写给女佣阶层看的；如今女佣阶层消失了，他的书也就无人问津，他也会就此销声匿迹了。亨利·詹姆斯[2]的情况也好不到哪儿去。倒是没人说他粗鲁，

---

1 理查德·瓦格纳（Richard Wagner，1813—1883），浪漫主义时期的德国作曲家、指挥家。

2 亨利·詹姆斯（Henry James，1843—1916），美国小说家，文学批评家，剧作家和散文家。代表作有长篇小说《一个美国人》《一位女士的画像》《鸽翼》《使节》《金碗》等。他的创作对20世纪崛起的现代派及后现代派文学有着非常巨大的影响。

批评家有什么用？

但给他的标签是"社交白痴",说他的文字佶屈聱牙,总对一些无关紧要的事情大惊小怪。至于巴洛克风格的绘画、雕刻和建筑,只不过是孩子气的铺张浪费。至于贝尼尼[1],那就是个拉皮条的奸商。鲁本斯嘛,充其量只能算是个室内装潢师。

有时候,人们回过头来喜欢某个艺术家、某个时期只是一句话的事——只要时机成熟,只要说话的人够分量就行。T.S. 艾略特[2]证实吉卜林[3]是诗人之后,公众就不再把后者贬低为过气的记者了。被 T.S. 艾略特唬住的文学界恐怕不会有人回过头去满怀热情地阅读吉卜林的作品,但另一次人气回归的案例确实吸引了新的读者。这次回归是哈罗德·尼科尔森[4]帮助丁尼生获得的。到 1920 年,作为诗人,丁尼生已经没什么知名度了。他是维多利亚时代的人,而里顿·斯特拉奇[5]刚刚向世人展示了那个时代的文人都是一群怎样的骗子。尼科尔森争辩说:从原则上讲,道德诗歌先于维多利亚时代的文化风格,而丁尼生的作品大多是这种诗歌;此外,评价一个诗人的艺术成就,必须看他最好的作品,而不是最差的作品。这个论证颇有说服力。T.S. 艾略特适时地用他那庄严的目光看了看丁尼生,点了点头表示赞赏。于是,丁尼生重归艺术家的万神殿。

关于这件事,有一点值得注意:40 年后,在尼科尔森再版的书中,这位可怜的作者不得不为自己辩护,因为有人指控他对丁尼生存在"残酷的偏见"。19 世纪 60 年代,人们在丁尼生身上发现了"不羁的精神"和其他引人怜爱的特征,比如父亲酗酒,而这些都是尼科尔森没有正确评价的。因此,这位当年单枪匹马为诗人平反的批评家,如今却被列入诋毁者的行列。谁说批评家总能自行其是?

丁尼生的例子提醒我们,在过去,批评的职责之一就是评价作品的道德倾向。这种做法并不是维多利亚时代的创新,古典时期、文艺复兴时期和新古典主义时期的作家都认为这是理所当然的。尽管在特定问题上彼此意见可能不同,但无论是约翰逊博士(Dr. Johnson),还是鲍德勒医生(Dr. Bowdler)[6],都是道

---

1 乔凡尼·洛伦佐·贝尼尼(Giovanni Lorenzo,1598—1680),意大利雕塑家、建筑家、画家,巴洛克艺术早期大家,17世纪最伟大的艺术大师,主要的成就在雕塑和建筑设计。

2 T.S.艾略特(T.S.Eliot,1888—1965),英国诗人、剧作家和文学批评家,诗歌现代派运动领袖,代表作品有《荒原》《四个四重奏》等。

3 约瑟夫·鲁德亚德·吉卜林(Joseph Rudyard Kipling,1865—1936),英国作家、诗人。

4 哈罗德·尼科尔森(Harold Nicolson,1886—1968),英国外交家、历史学家、传记作者、记者、作家。

5 里顿·斯特拉奇(Lytton Strachey,1880—1932),英国著名传记作家、批评家。

6 "艺术的自主性",有时被叫作"为艺术而艺术",即艺术作品缺乏任何实用功能,因此作为艺术作品,也缺乏工具价值,只有审美价值。这种说法最早出自康德。

德上的批评家。今天，人人都知道，关心艺术中的道德问题，即使不被人看成荒谬和不懂艺术的做法，也会被人认为是过时的观念。

经过反思后不难看出，艺术领域的道德评判更像是一种证明，证明艺术作品具有影响情绪和引导行为的能力。进一步观察当今某些批评家的做法，你会发现很多人只是转移了道德训诫的重心，把正义感的冲动转移到政治和社会问题上了。不久前，一位批评家在讨论马修·阿诺德对社会的遗赠时很不以为然，称之为"资本主义霸权的代理人"。其他抱有类似陈旧的道德偏见的人，把当代诗人和剧作家划分为革命者、反动者、精英主义者的和民粹主义者。此外，还有一些批评家会根据宗教、种族、性别来褒扬或批判艺术品。

这些分类方法符合艺术家自己的偏好。现代主义似乎需要对现有制度持敌对态度；它相当于一种政治信条,正如对大众、穷人、被压迫者和只能说大白话的老百姓满怀同情那样，这是一种道德或宗教的立场。正因为如此，在永无止境的思想斗争中，在不可避免的道德和知识信念的多样性面前，如果一个批评家在评论某个主题时带有一种信念或者偏好，就可能对艺术有所帮助。在对抗文化极权主义的斗争中，我们更需要批评家站出来为艺术辩护。

艺术家和批评家是我们这个史无前例的多元主义时代的特征。因此，不存在理想的批评家，也不可能存在一个精神上完美、均衡，只从艺术角度批评艺术的批评家，这种想法是一种理想化的错误观念。它源自另一个错误的观念，即"艺术的自主性"，以及与之形影不离的审美体验。所谓"审美体验"，充其量是用高大上的说法形容对艺术的敏锐感知。但我们在艺术中感受以及感知到的内容，并不能真的独立于已经存在的精神和情感依附。新的感受并不会使你产生一种与其他情感隔绝的精神上的升华。艺术提供的愉悦虽然依赖感官，但与感官上的愉悦并不相同，它同样会融入其他智力上的、情感上的、精神上的愉悦。总之，"纯艺术"一词是完全不符合现实的。

如果批评家这一角色真是由上面这些考虑以及服务艺术、服务大众这些因素所决定的话，那么批评家就有权利生存下去，即使他们愚蠢或者心存偏见。但是，如果放弃了前面所说的"助产士"的作用，那么他们存在的合法性就没有了。当下介绍艺术作品的那些文章，它们的写作风格不仅无法将艺术"传递"给心灵，甚至还阻碍了艺术可能的发展进程。以下是一些错误的写作风格的例子：

- "在最后一幕中，情节作为诗歌来源的复杂发展的巅峰，最终取得了原本应有的地位。"
- "对主题的控制，再加上反讽，使感情的前景和背景都具有了收敛性。"
- "颜色和形状之间有条不紊地相互作用，创造了

批评家有什么用？　　111

和谐和紧张的力量……而由色调和色块的所有边缘组成的线性设计在整幅画中编织出一个统一的韵律网络。"

·"（主角的）意识变得比生命或死亡更重要，表明生命本身是巨大的，无法脱离隐遁的自我，以肖像的毫无缺陷作为框架，悬挂在封闭的意识中，不再是生命的证明。"

上面这些例子均摘自声誉良好的资源——报纸、大学课本、百科全书、文学期刊等。显然，批评家使用英语这种语言，不再用来解释事物，而是变本加厉地在比喻的层面上使用词汇。现在，读这些批评文章的时候，你必须在这类句子中艰难地跋涉，到处是"张力"（tension）、"韵律"（rhythm）、"掌控"（control）；"结构"（structure）、"质感"（texture）、"动感"（dynamics）；"克制"（restraint）、"反讽"（irony）、"抒情"（lyricism）；"意象"（icon）、"顿悟"（epiphany）、"维度"（dimension）、"疏离"（distancing）、"隐喻"（metaphor）——"隐喻"最为重要——而这些词的字面意思和原本的使用方式在文章中几乎都已经不再使用。

这就导致批评家的语言表达听起来就像是给时尚产品打广告时的字眼：晦涩模糊的形象营造出一种在奢侈品之间徜徉的幻觉。"隐喻"这个词本身就象征着心灵的空虚，现在它已经空虚到无中生有了。一篇评论谈到一位歌手的高音部大大褪色时，是这么写的:"她化不利为有利,用这种唱法来隐喻马勒(Mahler)[1]的歌曲中不安的渴望。"

隐喻指的是四项词语之间相互对照的关系。如果有人说"船'犁'开了海面"(the ship plows the sea),意思是说,正如"犁"(plow)在前进的过程中把"土壤"(soil)分开那样,"船"(ship)在前进时也把"海"(sea)分开了。没有"船—犁""土壤—海"这四项词语的对照关系,就没有隐喻。因此,赞美一位雕刻家"以他独特的方式运用三维隐喻",或者评论文学作品中提及食物时"提供了许多隐喻",都是毫无意义的。我们可能会感到诧异,这些批评家肯定受过良好的教育,能力出众,为什么偏偏要用这些文理不通的用词破坏语言的完整性和美感呢?他们不可能都是有悖常理的人。答案就是,他们已经被某些普遍存在的社会态度压服了。一方面,他们在模仿如今大家使用语言的方式;另一方面,他们屈从于公众心目中对批评家这一形象的看法。

在这两种倾向中,都能发现对创造力的崇拜,都是想做一些新的、原创的、令人吃惊的事情,最重要的是,做展现自我的事情。要打破常规,违背惯例,展示自己的想象力和专长。在这样一堆原则中产生出新的词汇和短语,在商业、政府和专业领域中流行开来。遗憾的是,商业界、批评界和过去的"普通人"都有一种

---

[1] 古斯塔夫·马勒(Gustav Mahler,1860—1911),奥地利作曲家、指挥家。

强烈的冲动,渴望把自己觉得平淡无奇的现实妆扮、美化起来。总之,每个人都想成为诗人,却不知道真正的诗人不是美化现实,而是揭露现实。

这种有悖常理的现象是何时发生,又是如何发生的？19世纪末,随着学校教育、大众阅读和艺术作品的迅速普及,整个知识界同步蔓延着混乱的感觉。对秩序的需要放大了批评家的作用,人们发明出"创意批评家"（creative critic）一词。奥斯卡·王尔德[1]是最坚定的支持者。他意识到批评的力量,于是确立了一个信条：能提出公正批评的人,其才华要与所批评的对象不相上下才行。现代艺术越发微妙、复杂,需要观赏者具有敏锐的洞察力和专业知识,这似乎更印证了这一信条。只有真正做过艺术家的批评家,才能训练出观赏者的能力。亨利·詹姆斯最近被批评家骂得很惨,尽管如此,他还是恳求"善意的批评"。他指出,这是"欣赏艺术作品的唯一途径；正如对于艺术作品来说,欣赏是获得愉悦的唯一途径一样"。同时,他还谴责"大量的艺术创造者和读者"都挣扎在"不受控制的作品、没有受到批评家批评的作品之中；挣扎在没有批评家指导、点拨、启发,没有羞耻感的作品之中。其规模之大,在当今世界前所未有"。

创意批评家承担了新的职责。他既不是坐在艺术家的脚边为其阐释,也不是高高在上地对艺术家的表现品头论足,而是作为合作伙伴与艺术家并肩相坐,重现创作时的辉煌。批评的范围由此扩展到美学,也就是当今关于评价艺术的各种阳春白雪式的写作方式的前身，例如诗歌风格、心理学风格、玄学诗歌风格等。在这种情况下，批评家看到了两个机会：首先，他很自然地把自己与艺术家等同起来，并且很快认为自己就是一个艺术家；其次，由于他做的是分析性的工作，他自然乐意像科学家那样说话。正如我们看到的那样，他最喜欢用的词都带着学术光环。掌控、张力、负空间……这些都是实验室里的说法。而且，如今的大多数批评家同时也是学者，他们必然有一套体系和方法。

在这种转变中，批评家原来的受众以及批评家存在的理由都消失了。批评家施展他的手段，大兴"分析"之举，不再致力于"开启欣赏之门"（如今"欣赏"已经成了贬义词），而是要证明艺术作品在显微镜下是一个和肉眼看起来完全不同的物体——这些让读者一头雾水、一脸困惑。这种对待艺术的态度自然会让人们放弃享受艺术：艺术太重要了，不能只想着提供愉悦，它生来就是要被研究的。这反过来又让我们更加钦佩那些分析人员。总之，批评家作为引导大众接触艺术的角色已经消失了，亨利·詹姆斯希望由批评家指导艺术创作的愿望也破灭了。

我们在前文说过，历史表明，批评家的功能就应该像助产士

---

1 奥斯卡·王尔德（Oscar Wilde，1854—1900），19世纪英国最伟大的作家与艺术家之一，以其剧作、诗歌、童话和小说闻名，唯美主义代表人物，19世纪80年代美学运动的主力和90年代颓废派运动的先驱。

那样；但现在看来，我必须收回这句话，还要加上一句美国批评家约翰·杰伊·查普曼（John Jay Chapman）在很久以前提出的警告："批评无法触碰到艺术，因为艺术领域超越了其他表达方式所能达到的范围。"换句话说就是："我们不能奢求弄懂艺术究竟是什么。"这些情绪似乎剔除了批评家的作用。怎样解决这个矛盾呢？通常情况下，是通过批评家和艺术家彼此不同的关注点来解决的。查普曼是一位出色的批评家，他警告他的读者不要相信那些解释艺术的文字能够诠释艺术的本质，能够确定艺术作品自身的轨迹。和查普曼同时代的威廉·詹姆斯自己就是文学和绘画艺术家，他在评论他的学生贝伦森（Berenson）写的关于佛罗伦萨画家的书的时候，也提出了同样的观点："一流艺术品和二流艺术品之间的差别绝对无法用语言表达——可能只差了一根头发丝，可能只少了一片阴影，可能只多了一丝内心的悸动，但这毫厘之差，却弥足珍贵！"

有了这些免责声明，批评家又该如何自处呢？如果他连艺术的门都摸不到，那他还忙什么呢？要回答这个问题，只需要重申一点即可：批评家消除了引发困扰的内因和外因，为"接触"作品和"欣赏"作品扫清了道路。如果批评家真能做得更多，能讲出艺术创作的奥秘，那么任何人都只需要简单地套套公式，便可创作出伟大的作品了。

这些发人深省的想法带来了最后一个问题：艺术究竟为何物，以至于我们竟无法理解它究竟是什么？按照查普曼的说法，我们无法定义或者抓住艺术的本质，但我们或许可以定义艺术事业——不是去界定艺术是什么，而是去界定艺术能做什么。传统的答案是，艺术模仿生活。这一命题已经被提炼成更精细的命题：艺术"反映"（mirrors）生活；艺术"重新创造"（re-creates）生活；艺术"表达"（expresses）艺术家"对生活的领悟"（intuition of life）或"对生活的批判"（criticism of life）。正如我们所知道的，现代观点认为，艺术家创造出了一种独立的结构，我们可以从中解读出我们自己的体验或者幻想暗示的事物。

在上述这些命题中，每一种都包含真理，但也有出现谬误的空间。我更喜欢说，艺术是生命的延伸。艺术采用日常经验中的素材，例如文字、颜料、声音、木头、石头或其他东西，将这些素材以某种方式组合在一起，触动我们的感官，唤起我们对生活的回忆，丰富这些感知，从而延展我们的生命。人们可以这么说："去年，我花了不少时间感受鲁本斯；我一度沉浸在柏辽兹的《安魂曲》[1]中；我经常神游在《米德尔马契》[2]中。"

1　柏辽兹的《安魂曲》（Requiem），又叫《纪念亡灵大弥撒》（Grande Messe des morts）。原是应法国内务部之约为纪念1830年7月革命的烈士们而作的，后几经周折，作品于1837年在为法国将军达莱蒙特（Damrémont）举行的国葬上得以首演。

2　《米德尔马契》（Middlemarch）是乔治·艾略特较为成熟的一部作品，也被许多批评家认为是她的代表作，米德尔马契是书中杜撰的英国的某个城市。

把这些艺术产生的体验加以结合,再经历各种心灵的悸动,我们的存在变得更加澄明、更加复杂,有时甚至更加扭曲。面对出生、死亡、爱情、声望、肉体、灵魂这些重大的人生问题,艺术扮演了各种角色,每一种角色都让人们以更炽烈的方式获得了更好的感悟。

如果这些都是真的,我们也就能理解为什么批评无法捕捉艺术的本质和它的终极意义,也就能理解为什么艺术、艺术家和艺术作品无法达成共识了。这是因为,对生命的本质和它的终极意义,是不可能有一致看法的。艺术和生活都是类似的万花筒。即使我们看着它们,它们也在变化;它们并不是把一种统一的模式强加给所有人,而是以无数种方式被人"接纳"。通过整理并澄清我们的体验,重新形成我们对这些体验的看法,艺术带来了无可置疑的新奇感和歧义:艺术是第二生命,是一段非凡离奇的生命。那些普普通通的文字,那些画布上的色块,那些振动的琴弦就能实现这一点,这真是一个谜。虽然我们"不能奢求弄懂艺术究竟是什么",但我们却知道,它以某种方式捕捉到了存在的奥秘,让我们无法不去凝望。

时间、地点都要考虑

作为研究历史的学者，作为曾经从事历史教学这一奇特"仪式"的老师（说它奇特是因为，严格来讲，历史只能用来阅读），我曾经在口中、心中无数次重复过"昔日之感"（sense of the past）这个短语。当我回顾过去，重新审视这个短语，试图搞清楚这种特殊的感觉和我们常说的"记忆"到底有何不同时，我发现，对我而言，这个短语本身与它的用法有关，与对它的表述有关。通常我第一个想到亨利·詹姆斯[1]那本未完成的小说（但情节已经很完整了），书名用的就是这个短语[2]。他用了大量的篇幅描述"现在"和"过去"的不同感受所造成的离奇感和震惊感。有时，一想到詹姆斯，就会想到根据这部小说改编的电影《永恒的爱》（*Berkeley Square*）。这部电影上映于20世纪30年代晚期，因莱斯利·霍华德[3]的精湛演技而广受好评；不久之后，霍华德在执行一项飞往里斯本的作战任务时，殒命于大西洋。[4]在这部小说和电影里，记忆与现实突然结合在一起，令人产生一种感觉："真是奇怪，这些念头好像来自遥远的年代，却完全可以理解。"我认为，这种感觉就是一种情绪，为昔日之感抹上了色彩。

这种感受是一种双重意识。现在，我把话题跳转到莱昂内尔·特里林[5]的一篇论文上。文章的标题和这本小说一样，但内涵却不一样。这篇文章写于1942年，并于当年发表，就在霍华

---

1 在谈到"批评家有什么用"时，作者提到了亨利·詹姆斯，谈论批评并非一成不变。亨利·詹姆斯是一个现实主义作家，认为"小说就是个人对生活的印象"，"艺术就是选择，可是它是一种以典型性和全面性为主要目标的选择"。詹姆斯用一个艺术类比来描述小说的真实性，即"如同图画就是现实，小说就是历史"。

2 这本书讲的是穿越题材：纽约的一个年轻人在伦多一所老房子里，跨过一道大门回到历史，突然有一种似曾相识的昔日之感。

3 莱斯利·霍华德（Leslie Howard，1893—1943），英国舞台剧、电影演员，代表作是1939年的《乱世佳人》中的艾希礼·威尔克斯（Ashley Wilkes），曾两度获得奥斯卡影帝提名。

4 "二战"期间，莱斯利·霍华德是一名英国间谍，说服当时西班牙独裁者弗朗西斯科·佛朗哥，最终阻止西班牙参与"二战"。当时纳粹以为他的飞机是丘吉尔的，将其击落。

5 莱昂内尔·特里林（Lionel Trilling，1905—1975），又译屈瑞林，20世纪美国著名社会文化批评家与文学家，生前为美国哥伦比亚大学著名教授，"纽约知识分子"群体的重要成员。他侧重从社会历史、道德心理的角度评论文学和文化。

德去世的那一年（也许是前一年？）——是还是不是？看来我要想准确无误地重温那段历史，必须得去好好查一查。特里林的文章论述的是文学第一、历史第二，这的确与那部电影的思想有关。他的目的是要指出，那些宣称历史和文学完全无关的人错了。当时，新批评理论（New Criticism）完全征服了关注高雅文化的领军人物。任何批评家，只要脑子里想到历史观念，不是被看成不懂艺术的平庸之辈，就是被当作落后于时代的人。诸如这些口号——"诗歌就是诗歌本身"；绘画就是线条、平面和色彩的组合，不受任何意义或者情绪的束缚；"纯粹的音乐"——被人喊了几十年，已经被奉为公理了。

现在，不光是批评家，就连鉴赏家也必须遵守这些不容置疑的原则，或者说，至少要从"纯艺术"或"艺术的自主性"的角度说话。公众第一次意识到文艺还有"理论"，不仅要把艺术的真理归拢在一起，还要保证它们一成不变、永远正确。过去，不同的品位、时尚、学说、流派之间百家争鸣、百花齐放，如今这种人人熟悉的场景被含蓄地否定了，成了历史。而且，正如在相邻的社会革命领域里的一个著名理论说的那样，历史的混乱即将终结。

"历史主义批评"（Historical Criticism）遭到了猛烈攻击。攻击者宣称要捍卫艺术，保卫其免遭"科学"的侵袭，这种说法实在是既奇特又荒谬。假如那些新批评派（New Critic）把攻击的范围适当缩小、加以明确，他们的抨击本来也很有道理。比如，只揭露那些假装讨论诗歌和小说，其实是借机谈论历史和传记的学者，说他们大都是枯燥无味的学究；只揭露那些压根儿不关心文学的学者，说他们的关联意识淡薄；只揭露那些对艺术家的工作缺乏了解或者直觉的学者。但是，除了对学术界广泛攻击外，那些新批评派——用特里林的话来说——"反对将自然科学领域的事实观念照搬到文学研究领域中来"。他们认为历史也是一门自然科学，这种独特的观念只能有一种解释，就是他们假设只有科学家才能发现事实，而验证事实的机制就是这种垄断行为的标志。

特里林的文章反驳了这一愤愤不平的指责。他认为，历史要素、传记要素这二者与艺术的实质是紧密交织的。事实上，人们接触艺术时，经常感受和欣赏到的正是这部分内容。因此，把这些描述为外来要素入侵，是站不住脚的。"在某些文化中，某件艺术品的悠久历史赋予了它一种超越审美的权威，并融入作品的审美力量之中。在我们自己的文化中，对传统的感受往往看法不一、矛盾重重，即便如此，某件过去的艺术作品也存在着某种特质，某种审美存在的要素，我们可以把它……与形式要素（formal elements）[1]并列……以此体现它的历史。"

有一个说法可以解释新批评派对历史学科的错误定位。在

---

1 具体到艺术品创作，形式要素是指用来制作一件艺术品的要素。它包括图案、色彩、纹理、色调、形式、形状和线条，经常在一起使用。

19世纪晚期，后来教授文学的那些学者尚处在起步阶段，当时有些历史学家确实提出过，他们的工作属于自然科学。他们这样做，是为了抵御当时已经焕然一新的"社会科学"咄咄逼人、自命不凡的攻击。这些历史学家向全世界吹嘘自己的"方法"和"严谨"。他们和那些用"文学"手段撰写历史的人一刀两断，急不可耐地放弃了全景式叙事的方法，转而做范围狭窄的"研究"，追求细枝末节，不去考虑什么思想和理念。在他们的眼中，研究历史的唯一理由就是解决"问题"。人生的所有困难都变成了问题，由此而来，唯一值得努力的事情就是找到解决方法。而只有科学已经——或者必将——解决问题。

新批评派的攻击中存在自相矛盾的地方。在新批评主义的压力下，各大院校的英语系开始招聘自称是批评家的人来校任教。这种妥协一旦发生，新批评理论就变成了一套"方法"，文学研究变成了"解决问题"的行为，而创作艺术作品就变成了作者已经解决或者尚未解决的问题。作品中的隐喻必须"发挥作用"，作品架构中的每个衔接之处都要进行测试；任何有瑕疵或者冗余的东西都别想通过这种工程检测。

当然，理论不可能故步自封。由于不断有新材料要检查，理论也要不断修订，于是新批评理论中出现了一个又一个新方法。新批评派借鉴法语里的"文本解读"，发明了"细读法"。很快，他们模仿莎士比亚研究中长期使用的手段，提出来定量分析方法。接着，他们又开始搜寻神话、主题和各种象征意义——这些都是推动艺术作品运转的部分,要想理解它们,就必须先意识到它们。不管搜寻的是什么,正如一本期刊的名字想要表明的那样,"细读"(Scrutiny)就是当时的王道。

批评界对玄学派诗人重新产生兴趣,但丁和梅尔维尔再次引发关注。"细读"法大行其道,很快,批评工作变成了密码破译。每一件值得研究的作品据说都含有不同"层次"的意义;文字和意象除了不能表达它们原本的意思外,可以表达任何意思。总之,全世界伟大的作家似乎只写一种体裁的作品:寓言。

这类发展的脉络大致都可以预测,因为学术界不可避免地会把遇到的一切事物都学术化。如若不然,教育和认证这类团体机构还能用什么别的方法要求和衡量人的洞察力或者艺术的敏感性呢?"印象主义批评"[1]——也就是从柏拉图、卡修斯·隆基努斯[2]、哈兹里特[3]到阿纳托尔·法朗士[4]等名家的批评——之所以

---

[1] 印象主义批评(Impressionist Criticism),亦即感受式批评。这种批评拒绝对作品进行理性的科学的分析,而强调批评家的审美直觉,认为最好的批评只是记录批评家感受美的过程,至多指出这美的印象是如何产生的,是在哪种条件下被感受到的。因此,印象主义批评是一种朦胧的、没有明确论证的"以诗解诗"式的批评,而且往往写成散文诗的格式,文学批评就成为一种与文学创作没有本质区别的艺术门类,写这种批评文字的人往往本身也就是诗人或作家。

[2] 卡修斯·隆基努斯(Cassius Longinus,213—273),古希腊著名的修辞学家和哲学家。

[3] 威廉·哈兹里特(William Hazlitt,1778—1830),英国散文家,评论家,画家。

[4] 阿纳托尔·法朗士(Anatole France,1844—1924),法国作家、文学评论家、社会活动家。

遭受蔑视，原因在于这种批评理论的定义。根据定义，印象主义批评是提示性的，而不是决断性的。相反，经典和术语会激发创造力，促进争论，给人尽在掌握的愉悦感和同袍情谊，而独创性的直觉领悟则令人感到孤独和不确定。况且，总归要给那些将来要去教书的研究生某种固定的模式，确保一般智力的学生就能掌握吧。

因此，这种安排适合所有人。年轻教师必须发表文章才能晋升，而就某个问题写篇论文便是明确的手段。此前，对布莱克的《虎》[1]这首诗已经有了14种诠释。当然，这些诠释都失败了，都未能证明这首诗的意思。因此，依照传统的谦虚态度，在某个适当的期刊上提出更大胆的假说，就容易占得先机；还可以先评价一番其他所有的假说，为自己的文章增加适当的篇幅。通过这种方法，全世界的讲师都可以利用无限的机会，在各种"理论"或者各种"主义"上提出一个新方案，四处标名挂号，说不定哪天风水就转到它了。

采用类似的几何学思维开展研究，使艺术和科学产生了混淆，唯一能与之抗衡的思维模式就是历史思维。历史和它带来的情绪——往昔之感——与这种分析方法完全相反：它基于直觉，依附于特定、具体的事物，尊重时间的作用；而分析方法则是抽象的、讲究条理的，旨在研究一般性的规律，认为"时间"与讨论的对象无关。人们可能会说，只有在这种情况下，批评才能夸耀自己具有创造性。因为它提取"意象",使用"模型",简化"结构",进而凭空打造出一个可以批评的对象,可以全然不顾对艺术细节的感受,不顾对生活的感受,以及其他类似的感受。方法是王道,方法可以征服一切。如果没有方法,往昔岁月肯定早已湮没在那些令人困惑的文学、音乐和绘画形式中了。

新批评派认为,要是没有了这些丰富的分析型思维,那些伟大的批评家只能凭借洞察力,勉强一窥真理的堂奥。"艺术是对生活的模仿",再加上其他几条格言,这些就是批评家的全部家当。他们像莫里哀[2]一样,相信喜剧是逗人发笑的;通过巧妙地模仿生活中的情形,嘲弄愚蠢的性格,多多少少引起一些道德上的反思,总之就是——"笑着整风"(castigat ridendo mores)。他们从没想过,像莎士比亚喜剧那样的剧目,是语言本身决定了情节和寓意;或者说,在最好的喜剧中,人物的动作和语言都符合我们如今所说的无意识的行为方式。在音乐批评方面,像E.T.A.霍夫曼[3]和柏辽兹这样才华横溢的音乐家,甚至都无法预

---

1 《虎》(*Tyger*)是英国浪漫主义诗人威廉·布莱克(William Blake,1757—1827)的诗集《天真与经验之歌》中象征性很强的抒情诗。

2 莫里哀(Molière,1622—1673),法国喜剧作家、演员、戏剧活动家,法国芭蕾舞喜剧创始人。

3 E.T.A.霍夫曼(Ernst Theodor Hoffmann,1776—1822),德国作家,同时也是音乐家、画家。他曾先后在德国多地绘画、作曲,并充当乐队指挥。他在音乐评论中热情推崇贝多芬、莫扎特,并赞扬当时几乎已被遗忘的巴赫。

想到"申克尔分析法"能揭示出的可能性[1];狄德罗(Diderot)[2]和戈蒂耶(Gautier)[3]在评价绘画时,更是缺少肖像学作为坚实的后盾。总而言之,在新批评派眼里,那些早期的批评家由于缺少艺术的分类学、解剖学、生理学和病理学等理论的支持,基本上都不知道自己看的是什么。他们的那些评价,自以为是在欣赏那些作品,其实不过是在杰作之间不负责任地闲逛罢了。

过去,确实有一些艺术家的作品受到了哲学体系的影响。如今,对体系的追捧更加普遍。不止一位现代艺术家在创作作品时,有意识地设计象征符号,有意识地构建出不同层次的意义,好方便批评家诠释。这是一个值得注意的现象:艺术不再模仿自然,而是在模仿批评家了。

然而,正如特里林在文章中明确指出的那样,如果不引入和作品无关的"外部"因素,如果不去谈论"历史"因素,就不会形成批评,事实一贯如此。特里林说:"观众在看《哈姆雷特》(*Hamlet*)时,想象力的跳跃十分巨大。尽管这不一定需要他人指导,但要做到这一点,的确需要一种对昔日之感的理解。"在学校阅读这个剧本的孩子就可以证明这一点。他会发现莎士比亚的某些用词很奇怪。如果没有人讲解词义的变化,那么即便是最细致的"细读者"也会产生误解;他会认为"使我们全变成了懦夫"的"conscience"是"良心、道德"的意思[4]。而这里,它的意思只是一种"意识",是"对现状的反思",是"重重的顾虑"。然而,要解释词义的变化,就需要历史主义的批评家。

如果不去涉猎历史，就没有人知道这个古老的用法。

这足以构成拒绝废除（历史主义）批评的充分理由。人们可能还会问，为什么要"研究"文学，特别是研究当代文学呢？直到 19 世纪中叶以后，现代艺术和文学才进入课堂教学。在此之前，它们并不是一门学问，也没有叫作"斯宾塞[5]、弥尔顿和华兹华斯"的课程。人们读那些精彩的小说只是为了消遣。当时的年轻人会私下阅读惊世骇俗、标新立异的作品，例如斯温伯恩[6]或者左拉[7]的作品。年轻人还去看印象派画家的画展，

---

1 申克尔出生的时候，柏辽兹和霍夫曼都早死了。

2 德尼·狄德罗（Denis Diderot，1713—1784），法国启蒙思想家、哲学家、戏剧家、作家，百科全书派代表人物。

3 泰奥菲尔·戈蒂耶（Théophile Gautier，1811—1873），法国唯美主义诗人、散文家和小说家。

4 "Thus conscience does make cowards of us all."这句话出自《哈姆雷特》第三幕第一场。朱生豪的译本译为："这样，重重的顾虑使我们全变成了懦夫。"

5 埃德蒙·斯宾塞（Edmund Spenser，1552—1599），英国文艺复兴时期的诗人。其代表作有长篇史诗《仙后》，田园诗集《牧人月历》，组诗《情诗小唱十四行诗集》《婚前曲》《祝婚曲》等。

6 阿尔加侬·查尔斯·斯温伯恩（Algernon Charles Swinburne，1837—1909），英国诗人、剧作家和文学评论家。斯温伯恩早期的作品中，以无神论和淫秽的故事情节震惊了全国。

7 爱弥尔·爱德华·夏尔·安东尼·左拉（Émile Édouard Charles Antoine Zola，1840—1902），法国自然主义小说家和理论家，自然主义文学流派的创始人与领袖。

听德彪西[1]的音乐，偷偷溜进去看易卜生[2]的私人演出。

研究这些——即艺术被推入学术界这件事——的原因非常复杂，而且各不相同。它们和文化民族主义及19世纪人们对历史的热爱有关。围绕莎士比亚作品开展学术研究这件事提供了先例；纯粹的语言学扼杀了经典课程，造成了致命打击。那些信奉实用的和"进步的"学问的人认为古典作品毫无用处，已然过时，需要用"现代的伟大作品"取代这一切。

到了19世纪90年代，新的社会科学（还有随之而来的"新历史"）蔑视从古典文献中衍生出来的理念，尽管这些新学科所采用的方式正是古典学术研究创立的，尽管正是编撰历史的行为把西方学术传统转变为专业人士的专属领域。在19世纪，人们"发现"了历史。他们忽然"发现"，历史从头到尾都很重要、很有趣，"过去"一词突然被放大。对于伏尔泰来说，从最远古的时期到现在，只有四个时期是重要的——它们是人类文明中短暂的高光时刻，孕育了伟大的艺术。对于赫尔德（Herder）[3]、沃尔特·司各特、米什莱及他们的浪漫主义同行来说，每一个时代、每一处地方、每一个阶层的人都很重要：所有这些都在创造当下的过程中起到了某种作用。

对那一代人来说，过去浩瀚无边、色彩斑斓，几乎不为人所知；一切都在成形的过程中，都需要最细致的研究。每一种制度、每一份精神产品、每一件留存下来的器物，都有它的历史。要想把它们摆对地方，正确地进行评价，就必须把它们从其他事物中剥离出来。这种做法可能令人费解,似乎与理性相悖,但它们的起源就是解释这一切的线索。因此,作为 19 世纪欧洲知识扩展的一部分,对艺术的历史传记式研究(有时还包括艺术的演化)就此展开;与之齐头并进的是自由主义和民主政治在政治和社会领域中的扩展。

  这场运动历时 80 年,在反抗先辈的进程中,产生了细分领域和专门学科。在 20 世纪 20 年代,当新批评派大肆抨击历史主义批评时,他们只是那些全面否定浪漫主义的诸多群体之一。在 19 世纪的最后 30 年,法国宣告了"浪漫主义的失败";到 20 世纪头 10 年,这已经成为大多数欧洲国家的主流政治文化的观点。这些观念通过多种渠道流传到了美国——其中一个渠道被人忽略了,但值得加以研究。在第一次世界大战之前的十年里,欧

---

1 阿希尔-克劳德·德彪西(Achille-Claude Debussy,1862—1918),法国人,19 世纪末、20 世纪初欧洲音乐界颇具影响的作曲家、革新家,也是近代"印象主义"音乐的鼻祖。

2 亨利克·易卜生(Henrik Ibsen,1828—1906),挪威戏剧家,欧洲近代戏剧的创始人。最著名的有诗剧《培尔·金特》《玩偶之家》等。

3 约翰·哥特弗雷德·赫尔德(Johann Gottfried Herder,1744—1803),德国哲学家、路德派神学家、诗人。赫尔德被认为是德国浪漫主义的先驱,其史学思想影响了 20 世纪历史学家布列锡格、史宾格勒等人的历史观点。

内斯特·塞利埃男爵[1]作为学者,在一系列著作中提出了几个观点,后来由哈佛大学法语教授欧文·白璧德[2]改写并引入美国。在塞利埃的著作以及白璧德和新批评派的著作中,浪漫主义和民主政治都是不值得信任的——前者已经失败,而后者则败坏了文化。作为白璧德的学生,T.S. 艾略特学习了这些原则,也采纳了这些观点,并在他广为流传的文章中,为英语读者诠释了这些法国教条。

实际上,到了 20 世纪 20 年代,对历史主义批评的公开攻击已经没什么必要了。人们已经无法容忍浪漫主义当道的那个世纪了。要摧毁它,把它拆散,只要说它所包含的要素都是错误的、不匹配的,也无法被历史证明是正确的,就足够了。因为,在诉诸历史时,人必须秉承相对主义的态度:历史将一件事与另一件事联系起来,往往还暗示一种不讨人喜欢的依赖关系和一种挥之不去的怀疑情绪。而新的氛围则是要寻找一种绝对主义,能够为我们带来确定性。

但是,如果这种抱怨是说,历史主义批评在艺术作品周围堆砌了太多不相干的东西,妨碍了我们欣赏作品,那么后来的学派又怎么样呢?他们难道不正是在远离作品本身、在深奥难解的臆测中苦苦挣扎吗?这时,人们肯定会问,批评的根基到底在哪里?在莱昂内尔·特里林的文章里,他第一次在出版物中正式使用了"文化批评"(Cultural Criticism)这个术语。它暗示出,批评的另一个根基是作为整体的文化。发明这个短语并不是为了发明一种新的"主义",它是自发产生的。我不记得确切时间了——那是在20世纪40年代中期,我和特里林一起在哥伦比亚大学的一个研讨班任教,这个研讨班的课程后来在该校持续了大约25年之久。

开研讨班的初衷是帮助学生准备博士论文。因为名额有限,所以有些申请人过来询问研讨班的内容时,我们会解释说,它讲的是文化批评。学生们要阅读指定的书籍,并借助相关的知识展开讨论。这些知识包括历史的、美学的、逻辑学的、比较文学的、哲学的,以及所有在《哈姆雷特》中提到的与文学流派相关的知识——没有任何清规戒律。但这些和批评有什么关系?哈!这就是训练的目的:不断提高你的判断力,要达到足够的高度——没有愚蠢的东西,没有牵强附会的东西,没有任何"凭空想象"的东西,没有任何挡住去路、妨碍你理解和欣赏艺术的不必要的东

---

1 欧内斯特·塞利埃(Ernest Seillière,1866—1955),法国作家、记者、批评家。

2 欧文·白璧德(Irving Babbitt,1865—1933),美国文学批评家,新人文主义美学创始人之一。他主张文学应恢复以"适度性"为核心的人文主义的传统,以"人的法则"来反对"物的法则",其作用是给人以道德的知识。认为自然主义的倾向(包括浪漫主义、批判现实主义等思潮)只服从"物的法则",会牺牲美的全部含义,应该加以否定。

西。为了检验效果,学生们会写一篇 3000—5000 字的文章,选题必须在这些阅读书目的范围之外。

在理论上,这种大杂烩式的研究看似不可行,但实际上还是可行的。因为从历史的角度看问题既明确又开放,赋予了个人判断自由发挥的余地。这种自由发挥和所谓的"严谨方法"背后的愿望正好相反。严谨方法的目的是要强制——希望采用某种方法得到证据后,获得普遍的认可。这个愿望之上还有一种情感激励,那就是,如果运气好,再加上努力工作,那"我的"理论或者方案将被认为是正确的,而"你们的"将是错误的。拜文化批评的精神所赐,我和特里林终于得以摆脱这些束缚,不仅不受彼此偏好的束缚,也不受公开的、正式的和强制性的教条的束缚。众所周知,随着时间的推移,特里林的观点也在不断变化;他对艺术和文学的意义及影响有了新的看法,对它们与生活之间关系的判断也变得越来越复杂、越来越微妙。但是他从来没有改弦更张,宣布信奉一种新的批评理论;他在最新的一篇关于批评的论文中,仍然在提炼、改进他的观点,但和第一篇论文的观点并不矛盾;他从未暗示我们教给学生的关于文化批评的方法错了,也从未否定在文化批评创立的过程中我们对历史以及历史观作用的肯定。

特里林本人关于批评的著述展示了我们共同教学的丰硕成果:不限定使用历史批评或是其他"形式"(我用这一个词代表其他所有形式的批评)的比例,而是基于具体对象,运用想象力,重现这部作品在作品所处时代或者我们这个时代留给人们的主要印象。以此为标准，我们俩阅读学生的论文，悉心评价论文的意义和形式、措辞和判断、艺术敏感性和说服力。我们俩从来没想过要把我们这个"不是方法的方法"总结出来——写一本关于文化批评的教科书，更不用说和那些在英语世界安营扎寨或是在法国领土上大量滋生的人一争高下了。

这是因为，文化批评假定，就理解艺术而言，所有理论都是人为的，而且并不适合批评这个领域。阅读一首诗和欣赏一张脸一样——需要专注力，需要丰富的知识和阅读经验。二者唯一的区别就是，你可以盯着诗一直看。说到知识和经验，这些完全可以在远离诗歌的地方积累。很久以后，突然灵光一现，某件事或者某段记忆会和一句诗或一首旋律联系在一起，顿时丰富了阅读的体验。最重要的一点是，所有这些要素中，没有哪个要素是决定性的，是产生体验的关键成因；它只是一个条件，和直接经验中的一切要素一样，它的力量大小完全取决于艺术的"敏感性"。

所有这些都暗示了——实际上是定义了——历史感的作用。尼采说的没错，它是第六感；这种第六感可以迅速发现理解艺术作品的条件及各种要素的先后顺序。现代科学哲学把所有超出其定义范围和可测量范围的东西都称为"历史的"。他们不情不愿地给自己的领域起了个名字——"合法的"，暗指（并非有意）超出它定义范围和测量范围的东西都是无序的、混乱的。但是，显而易见，生活——现在和历史平起平坐——并不因有没有规律、是不是确定就是混乱无序的。生活应该说是"偶然的"，因为生活中有各种规律，但没有确定的方法或体系。所以我们才说，生活的艺术在于洞察世情，在于如何权衡各种条件发生作用的可能性。艺术就是生活的延续，所以，对艺术的批评也必须具有和生活一样的复杂性。

如果有人指责我对"文化批评"的这种解释和其他理论一样，其实也是一种理论——"每个行动的背后不是都有一套理论吗"？我的回答也是显而易见的：你要想叫它理论就叫吧，但这个理论简单到无法再简单了——没有方法，没有术语，没有基于系统的排他性，用一段话就能说明白。而且，对于所有思想丰富的人而言，他们的常识水平高度发展，对周围的环境高度敏感，这个所谓的"理论"和他们在生活中遵循的"理论"惊人地一致。真正的科学理论是基于范式的——它总是要形成某种模式；而历史和批评都是经验性的，都是"哲学现象化"的（理论说起话来就这么别扭！）——也就是说，批评和历史不能去抽象经验，而是需要不断地援引经验。

文化批评者和文化历史研究者之间的差别，只在于研究对象和研究范围。批评家在处理当代作品时采用（或者说应该采用）商量的口气，因为他缺乏足够的知识，无法确保他的解释完全可靠。同样，文化历史学家在评价他周围的文明状态时也应如此。

因为他明白,他看到的只是他能看到的东西,并不是全部。

但是,也许有人会问,既然文化批评和文化历史的研究注定是片面的,那历史学家为什么还要去冒险尝试呢?我们的确需要批评家来整理当前的作品,但历史学家完全可以等当事人都死了,盖棺定论以后再来研究嘛。这个反对意见忽略了了解历史之后带来的责任。文化历史学家不是为了在吹毛求疵中寻找那点可疑的乐趣;相反,他是为了重申或是加强在文化创造者的活动中那些他认为有价值的东西,而文化创造者自己总是受到时尚和竞争的干扰,以至于忽略了这些。

今天的情况——也就是过去半个世纪的文化状况——对认真工作的文化批评家和文化历史学家来说,既有诱惑,又有责任。他不可能看不到,自文艺复兴以来,艺术作品中的卓越创造力已经没有了。今天,艺术作品中的类似尝试看上去更像暴力,而不是活力。艺术家的目标似乎不再是创造,而是不创造——通过拙劣的模仿、东拼西凑、滑稽的改编来做到这一点。而且,这种吃他人剩饭的艺术依靠的只是立意、感官吸引和感官刺激。

面对这些产品(而且我们也知道或者猜得出他们的动机),历史学家扪心自问,是要鼓励这种对意义和情感的大规模杀伤,从而除旧迎新?还是领导一场对这些肆意破坏者的防守阻击战,指出艺术这个名字不该被胡乱地用在那些纯粹模仿他人之作上?

经过反思,很明显,那些艺术的破坏者不需要鼓励;他们的目标是已被广泛接受的风格和调子,这些已经在市场中流行,并不局限在小圈子里。因此，从长远来看，第二个角色可能更有用，只要它严格遵守这个规矩就行："守护者"不必哭哭啼啼，更不用提倡回归到任何地方去。批评家要做的工作，只是简单地把他们说的和他们做的加以比较，以便把某些说法、某些意义和某些标准得以完整、清晰地留存下来。这些理论家们鼓动唇舌，攻击已经消失的历史，全凭一家之见做各种预测，提各种观点，给大众带来诸多困惑。因此，批评家的这种努力，也许能减少这种欺骗（和自欺）的行为。

新艺术和新文化到底什么样？这种问题是没有答案的。真正的新东西只能通过具体的例子才能表现出来。不管怎么说，批评家面对的只是实际的作品。根据这一原则，在当下这个无解的时代，批评家只能像切斯特顿[1]民谣里的圣母那样说：

> 我告诉你这些，不是为给你慰藉，
> 我告诉你这些，不是为灭你欲望，
> 只是，天空仍会变暗。
> 只是，海浪仍会掀起。[2]

但是，我们再次重申，这种告诫并没有掩盖扭转局势的希望。相反，文化历史学家用同情的目光看着这一切，和其他人一样渴望把这片土地清理干净，以便迎接新的开始。正是为了能再次启程，他会继续从历史的角度来记录、报道这些事件，尽可能确保人们用正确的词汇称呼它。

1　G.K. 切斯特顿（Gilbert Keith Chesterton，1874—1936），英国作家、文学评论家，被誉为"悖论王子"。

2　摘自切斯特顿的《白马谣》(*The Ballad of the White Horse*，也叫《白马之歌》)。该诗叙述了阿尔弗雷德大帝是如何在圣母玛利亚的帮助下，在爱丁顿战役中战胜丹麦入侵者。这段话的意思是说：即使知道了即将面对的艰苦未来，也不能因此气馁。

相对主义的怪物

近几十年来，不管人们在生活中发现什么伤风败俗的事，都会用"相对主义"（Relativism）[1]这个术语来解释。这个术语既是各种问题的替罪羊，又是一种侮辱。在思维上，它属于老生常谈；在用法上，它属于望文生义。但事实上，这是对该技术术语的严重误用，这个术语与它声称要解决的问题一点关系也没有。

那么，在什么情况下会误用这个术语？回答是：在无数种情况下。你可以看看神职人员和世俗的宗教推广者写的书，看看那些试图在尘世中寻找原因的公共事务评论员写的书，看看那些见证了西方衰落的观察者写的书；看看每天新闻报道中那些形形色色的罪恶；还可以翻翻各种严肃小说，看看从书中描述的行为和发表的评论中能得出什么结论。你还可以和学校管理人员、社工谈谈困扰他们的问题；最好听听陷入困境的夫妻或者父母之间的对话：我的朋友偷走了我的妻子，我的清洁女工偷走了我的勺子；我的孩子吸毒还说谎；我的汽车修理工在修车的时候捣鬼；我那彻头彻尾中产阶级出身的岳母在商店里偷东西，而且还是个恶毒的长舌妇。这些"都是相对主义惹的祸"。

进一步扩大范围看，专业人员失去了职业道德——医生骗取医保，律师教唆他人违法犯罪。这些职业的行业协会起草了一套又一套行为规范，却都是徒劳。在大商场里，员工偷东西成了本能，而管理人员却把这种损失计入"损耗"，把成本转嫁到顾客头上。政治候选人承诺的是一套，上台后做的是另一套——比如，我投票支持的那位总统就放弃了我心爱的巴拿马运河（Panama Canal）[2]。政府巡查人员（为了受贿）睁一只眼闭一只眼，于是建筑工地上的混凝土也变成了"相对主义"的东西：不屑于坚硬刻板，而要保持柔软可塑，结果致使十几名工人死亡。导致飞机失事，还有其他各种灾难的罪魁祸首，往往是玩忽职守和漠视规章制度；此外，酗酒、吸毒也是帮凶。

---

[1] 相对主义作为一种哲学学说，认为观点没有绝对的对与错，只有因立场不同、条件差异而相互对立。因此，后文提到，在有了相对主义这个概念后，人们似乎没有了对错立场。

[2] 这里指的是吉米·卡特总统，于1977年签署了巴拿马运河主权过渡条约。

至于大公司和各个国家的领导人,抽样结果表明,他们往往不是身陷牢狱,就是正一步步走向牢狱。世界绕着谎言的轴心旋转。各国签署条约和停战协议,却打算在墨迹未干之前违反它们;这些政府像贫困的学生和傲慢的消费者一样,四处借钱,从不考虑还钱。他们了解银行,知道那些借钱给他们的国家"完全承受得住"。毫无疑问,这该被称为"穷亲戚主义"(Poor Relative-ism)[1]。银行方面自然把这些巨额违约算作流动资产,这样"账面看起来漂亮些"——公开讲的是关系(relations),私下讲的是相对主义(relativism)。总之,指责这一切的人说,如今谈论原则、价值观和标准都没有用了。自从宗教衰落后,西方世界的座右铭就是"怎么干都行"(Anything Goes)。相对主义征服了一切。

这个怪物不可能完全是幻觉。当人们不是盲目地附和时,他们用这个术语所表达的是面对混乱时的感受和担忧——相比在任何情况下保持不变的东西,随着时间、地点变化的事物都是一种威胁:它总在变,总会变。如果要悬挂重物,你肯定希望挂钩结实可靠,这样才挂得牢。因此,相对主义和一般意义上的不牢靠、宽松(looseness)画上了等号,和没有标准的判断、不可预测的行为画上了等号。人们认为这是不对的,正如培根(Bacon)[2]在评论欺诈行为时的那句隽永警句所指出的那样:"它让一个人失去了支点,无法立足。"社会显然需要这样的支点,这样才能以此来质疑、抨击和谴责违规的人。

严格来说，这种指责是自相矛盾的。因为相对主义说的其实是"相关"（relating），说的是产生"关联"或联系的做法。字典里对这一词的解释是"一件事对另一件事、一个价值对另一个价值、一个特性对另一个特性等彼此密切相关、互相依存"。"相对"（relative）的事物必须是要和其他事物紧密联系在一起的，例如：相对湿度和压力、温度联系在一起；"亲戚"一词之所以也叫"relative"，是因为无论怎么看待"亲戚"，都意味着一个人和另外一个人之间无法摆脱的关系。相对主义可能带来了很多困难，但"不牢靠"绝不是其中之一。

在进一步讨论之前，相比对这一术语在语言上的乱用和逻辑上的混乱理解而言，还有一个更深层次的疑问摆在我们面前：单凭一个类似相对主义这样的概念，能掀起这么大的风浪吗？能造成这么大的伤害，毁掉所有的生活和荣誉吗？我和其他人一样，不否认思想观念在历史上的作用，但是一种哲学学说（"相对主义"通常被称为哲学学说）导致数百万人误入歧途、生活堕落，这种

---

1 相对主义的英文是 Relativism，它的词头 relative 也有"亲戚、相关"的意思。和它相似的词 relation，是关系的意思。下文中，这三种和相对主义近似的意思（相对的、相关的、有亲戚关系的）作者都提到了。

2 弗朗西斯·培根（Francis Bacon，1561—1626），英国文艺复兴时期的散文家、哲学家，英国唯物主义哲学家，实验科学的创始人，是近代归纳法的创始人，又是给科学研究程序进行逻辑组织化的先驱。

说法看上去就是荒谬的。没有任何一种思想单枪匹马就能败坏社会道德。况且，比相对主义更简洁、更吸引人的思想还多着呢。

举个例子，如果我们考察民族主义（Nationalism）就会发现，这些思想花了几个世纪的时间才形成一股力量，而且只有在条件允许的情况下才能取得胜利。的确，伦理学家应该考虑整个历史的走向，社会批评家以及支持他们的媒体也完全有权利提出谴责和要求。但如果他们看待当今文化的视野能更开阔些，那他们的抗议也会更有说服力。那样的话，他们就可以把相对主义这个怪物送进坟墓。

文化可以被视为由信念和意志组成的网络。在这个网络中，每一根连线都牵扯着其他连线，也被其他连线牵扯着，永不停歇地改变着整体结构。如果我们称之为道德的那个文化要素呈现出了新的形态，那我们必须要问，是哪些连线把它拽离了原位？肯定不可能是单独一根线起的作用，甚至把附近的线都算上也不够，因为这个网络至少是三维的。要找的并非单一原因，而是共同起作用的条件；为此，我们必须首先考察西方文明在过去70年中持久不变的愿望。于是，我们看到了最有价值的努力成果——艺术、自然科学、社会科学、教育、人权、司法正义，就像在言谈、举止和衣着中表现出的随意态度一样，共同推动了这种宽松的道德观。而人们却把这归咎于颇为无辜的"相对主义"。

但是，相对主义的真正作用（以及宗教的真正作用——人们认为它是医治相对主义的特效药）也必须接受检验。首先，想象一下"相对性"(relative)有多么根深蒂固,它通过感官,根植于我们所有的语言和思维模式之中。什么是"热"?对手来说太热的水,对脸来说却很舒服(每个理发师都知道这一点),在冲茶和泡咖啡的时候,我们甚至还需要更热的水。我们对大小的概念也是相对的。人们称绿头苍蝇为"大苍蝇",称鹪鹩为"小鸟",然而鹪鹩的个头比绿头苍蝇要大得多。

斯威夫特以大小的相对性为基础,构思出格列佛的一系列航行;牛顿以运动的相对性为基础,提出了天体力学理论。自然科学把事物成双成对地关联起来,测量它们的比例,再把这些关系放在一个不断扩大的统一体中再次关联起来,从而发现宇宙运行的规律——这就是自然科学不朽的荣耀。任何一个热衷于制订生活计划的人,面对非物质的事物时也是这样做的——如果他是一个哲学家,会更精心规划;而我们其他人则是走一步看一步。正如红衣主教纽曼[1]在谈到教育的定义时说的那样:"不去了解事物的相对关系,就是奴隶或者孩子的心态。"

因此,随着17世纪精密科学[2]的快速发展,普通人在日常

---

[1] 约翰·亨利·纽曼(John Henry Newman,1801—1890),英国基督教圣公会内部牛津运动领袖。他年轻时已是英国教会牛津运动的重要人物,带领被新教同化了的英国教会重拾大公教会的源头与核心价值,重整短暂失落了的礼仪、体制、神学和圣乐。

[2] 精密科学,指有精准量化表示或准确预测的科学领域,如数学、物理、化学等。

生活中也已经用百分比来表示各种事情之间的比例了。所有事情都"包括在内":从税收到夏季的不适,所有事情都用同其他事情的关系来度量。不幸的是,在人类的事务中,诸如信仰和道德这类事是无法量化的。把这些要素单独分离出来也是不可能的,它们只有在思想层面可以分开考虑。但即使在思想中,它们也常常偏离定义,无法度量。因此,不恰当的关联始终是一种危险。

在这一点上,我们触及了标榜为"相对主义"的问题核心。宗教组织和绝对主义思想家(Absolutist)设想了一个"伟大的、永恒不变的生活和行为准则,永远不变,和世界本身一样古老"。这一行为准则为每一种过错都制定了一条相应的戒律。而对"相对主义者"的指控就是,他们常根据情况改变规则,他们称之为"境遇伦理"[1]。这一指控只是在两个没有区别的事物之间试图指出它们的区别[2]。理由就是,绝对主义者忽略了自己永恒的困境:它的单一规则无法涵盖它要规范的所有行为。如果认为《十诫》中的"不可杀人"(Thou shalt not kill)是绝对规则,那么道德良知马上就会问:那自卫又算什么呢?死刑呢?为收复圣地而发动的战争呢?

最后这个诘问把我们带到了所谓的宗教时期,我们来看看那时的道德记录。世人认为,那个时期的道德标准既固定又明确,是由教会和国家强制执行、人民普遍认可的道德体系。这些戒律是统一的、和谐的,强化了个人和集体的道德。亨利·亚当斯[3]

发现，与"20世纪的多样性"相比，这种中世纪的观点很有吸引力。

但是，当时的实际生活却和这种概括描述大相径庭。神职人员和世俗信徒背诵戒律的次数也许比我们多，但教皇们却发动了十字军东征；身披铠甲的主教亲冒矢石，为屠杀祈福；神父和修士背弃了贞洁和安贫乐道的誓言；修道院院长和城镇之间争夺土地和权力，就像今天相互竞争的国家、公司和个人一样，步步为营、残酷无情。中世纪的伦理学家不断呼喊的同样是"腐败"和"改革"。这些词我们很熟悉，不需要再解释。圣徒在任何时代都是稀缺品。

事实上，细想一下，我们完全可以认为，西方社会目前流行的道德风气在许多方面都比那时候强。政客和牧师不会采用欺诈的手段侵占相邻的郡县，不会下毒消灭他们的竞争对手。他们最

---

1 境遇伦理学（Situational Ethics）是现代西方一种基督教神学伦理学说，20世纪60年代出现。它把实用主义道德理论与基督教的爱相结合，从根本上动摇了基督教的戒律，但同时也使社会道德陷入相对主义和非道德主义。

2 原文为"a distinction without a difference"，这是一个术语，指一种逻辑谬误。比如有人说："我没有撒谎，我只是说的不是事实。""我没有说谎"和"我说的不是事实"这两句话没有区别。但这个人这样说，潜台词是想表达"有区别"。作者在这里就是想指出这种逻辑错误。

3 亨利·亚当斯（Henry Adams, 1838—1918），美国历史学家、学术和小说家，代表作品有《亨利·亚当斯的教育》。

坏也不过是利用自己的影响力，在商业交易中赚取非法费用——对此还可以归咎于打电话太方便。此外，如果我们把对人类同胞的公平和友善看作是道德情感的标志，那么在20世纪，西方的法律和道德习惯要比伟大的宗教时期优越得多。

举个最直接的例子，就以改革时代——即宗教改革（Reformation）本身——为例，我们看到了什么呢？基督教信仰得以振兴，虔诚的宗教狂热席卷了整个欧洲，信仰本身在各个方面引发了各种分裂。同样的激情，再加上思想上和物质上的目标，释放了宗教领袖和信徒的能量，在150年的时间里产生了令人震惊的后果——欺骗、背叛、掠夺、强奸和暴毙，这些成了人们的家常便饭，只有在短暂的地方休战期间才略有缓解。

近来，私人道德的沦丧，主要是性行为上的放荡，引起了很多关注。人们普遍认为，在宗教失去对广大男女的思想控制之前，是宗教虔诚控制了肉体的欲望。但是，中世纪的文学并不支持这种说法。尽管教会有告解和忏悔的制度，有豁免罪过和买赎罪券的制度，但是它并不严厉惩罚肉体的罪恶。但丁在他的基督教史诗《神曲》（*The Divine Comedy*）中，对保罗和弗兰切斯卡的通奸一点也没有谴责的意思[1]。直到加尔文教派（Calvinism）控制了这个国家，被称为清教徒（Puritan）的相反态度才出现。路德[2]本人也并不计较对"白腿少女"的渴望。他恢复了牧师结婚的权利，以缓解牧师和女人私下姘居的事实传统问题。当黑森伯爵对找情妇一事心存不安，请求路德允许他娶第二个妻子时，路德发现，《圣经》中允许一夫多妻，所以就同意了——条件是尽量别声张。当坊间传言四起时，路德则建议伯爵"撒一个弥天大谎"。

我们可以找出无数的例子来说明在"永恒的法则"中出现的变通。这些例子还表明，变化和环境有关。虔诚的帕斯卡[3]指出，在比利牛斯山这边是真理的东西，在比利牛斯山那边可能就成了谬误。而且，两边的真理也会发生变化。没有比高利贷的例子更能说明问题的了。在中世纪，只要收取或者支付任何利息，都叫高利贷。人们认为这是一种令人发指的罪行，在很多时期、很多地方都会判处死刑。定罪的理由来自《圣经》，里面说得清清楚楚。在一个纯粹的农业社会里，金钱不会像种子发芽或者牲畜下崽一样产生新的金钱。因此，收取利息就是利用他人的需要，残忍地占他人便宜，特别是在饥荒频繁、饿殍遍野的时代。

但是，随着贸易复苏以及合资去东方的探险获得成功（不妨看看《威尼斯商人》中的描述），人们发现，很明显，钱可以生钱。

---

1 指但丁的《神曲》在《地狱》中讲的弗兰切斯卡和她小叔子保罗的故事。他们因通奸被判下地狱，但丁对他们的真爱和残忍的死亡表示同情。

2 指马丁·路德（Martin Luther，1483—1546），16世纪欧洲宗教改革倡导者，基督教新教路德宗创始人。

3 布莱士·帕斯卡（Blaise Pascal，1623—1662），法国数学家、物理学家、哲学家、散文家。他是虔诚的天主教徒，1655年隐居修道院，写下了《思想录》（1658）等经典著作。

相对主义的怪物

教会开始为发放高利贷寻找各种借口，说这是为了补偿风险或是补偿暂时无法使用这笔钱所造成的不便。很快，富有的教会开始以支付利息的方式借钱扩张自己的地盘；或者在封建地租变成以现金支付后，把手里的余钱借出去放贷。最后，高利贷的罪恶消失了，只要双方认可的利息不超过 6% 就可以。

随着文明在社会和经济层面上变得越来越复杂，文明的自我意识越来越强烈，想象力越来越丰富——它会意识到有必要改变规则，不必那么僵化和统一。伦理规范的表达不再是不可动摇的陈述句，而是用"如果……那么……"这种形式表达。因此，在近代早期，决疑法[1]兴起。头脑敏锐、人情练达的牧师们写了一些文章，指导世俗之人如何处理棘手的道德困境，决疑法这个名字由此而来。在这里，情境伦理取代了僵化的教条。直到决疑法太过琐碎，到了吹毛求疵、闪烁其词的地步时，它才有了坏名声，变成了"诡辩术"，而这也正是绝对主义率先陷入的泥沼。立志绝对不说谎话的人，最终会找到一个说法，既不会歪曲事实，又能掩盖真相，还可以误导他人。就像那位仁慈的牧师为懒惰的年轻人所写的工作推荐信上那句著名的话："如果你能让他为你的公司工作，你会很幸运的。"

维护道德行为的一个重要手段是法律。而法律的运作表现在一个接一个案子的审理，这就是一种精心设计的决疑体系。偷窃不是绝对主义所指的偷窃，凶杀也不是绝对主义所指的凶杀。在第一个偷窃的例子里，怎么进的房间，有没有使用暴力，是不是受到了诱惑，都可以改变罪名，也改变了处罚方式。在第二个凶杀的例子里，是不是被激怒，有没有杀人意图，是不是意外，是不是自卫，都可以减少同一行为中的邪恶成分。这是一场相对主义的暴动。法律中还有"初犯"这一定义，这是制度化了反绝对主义的理念——当然，我们假定这一定义并非是为了鼓励菜鸟犯罪。同样，对表现好的囚犯给予假释也并不意味着对原先的判决宽大处理。两者都是对基督教忏悔原则的应用，而忏悔本身就是对一个绝对事实的相对主义判断。

一般来说，某个宗教对人类生命的看法，以及民众对人性的弱点和力量的看法，决定了某个道德规范中附着了多少情感因素。因此，道德准则上的差异并不意味着部落和国家可以不需要这些准则，而是意味着对这些道德准则条目的恐惧和危险性的认识是可以改变的。在古英语中，"murther"（谋杀）的意思是某个群体的成员杀死一个人之后，对整个群体的罚款。类似地，在因纽特人（Eskimo）的早期习俗中，对杀人者（很罕见）的要求只是：离开所在的部落，加入其他部落去。

1　决疑法（Casuistry），也叫决疑论，不只是尝试在道德原则的系统中裁定一些引起疑难的良心问题，而是指一个过程，并由一个传统来测试当按照那群体基本的习惯和信念来看待他们的践行时，其践行是否连贯一致，或这些信念到底是否需要一些新的践行和行为。

在另一个极端，清教徒的情感不仅要求绝对的正统和婚姻上的绝对忠诚，它还对一长串的活动提出了道德上的强烈谴责，直到今天这些禁令在某些地方尚未废除：跳舞、看戏、打牌、在一周中的某一天工作、发誓（甚至是宣誓）、穿鲜艳的衣服招摇过市、使用纽扣——或者使用代词"你"（you）。并没有任何一个新教教派采纳了所有这些禁令（我们再次看到了变通），但人们可以这样改写帕斯卡的那句话：在街道的这一侧不能打牌，在另一侧不能玩宾果游戏。

同样，也不该用"原教旨主义者"（Fundamentalist）这个词来解释这一引人注目的现象。在相当长的一段时间，早已开明的英格兰还认为，与亡妻的妹妹结婚是一种罪过——乱伦。现在的人们都还记得，早年间社会认为离婚损害名誉，再婚相当于重婚。就在几年前，西部一所大学宣布一位受人尊敬的学者不适合教书，因为他养成了早餐喝咖啡的习惯，而且还做了昂贵的输精管结扎术。良知何其冷酷，凭借诗一般的力量，无情地令一切事物都变成了正义的象征。

这种对行为以及节制的高估，让伟大的宗教领袖屡次失去耐心。圣保罗大教堂的座堂牧师拉尔夫·英奇[1]说："我们狭隘的、排他的道德观，放大了邪恶的问题。并没有证据表明上帝只是一个道德存在。"在基督教世界里，最纯粹的宗教思想一再宣布，宗教与道德是对立的。路德就强烈表示过异议，他不认为一个人具有完美道德就等于获得了救赎。包括美国小说家亨利·詹姆斯在内的很多人都指出,道德造成分裂——它总在评判、谴责;而宗教宽恕并且团结罪孽深重的人们。道德追求正义,而宗教追求仁慈。宗教告诉我们,在天国,一个悔改的罪人比一个坚定的好人更令人欣喜。这种观点可以让前者安心,但对后者却几乎没有什么"帮助"。我们没有记录可考,也不知道在浪子回头的故事中,浪子的兄弟对于父亲杀了肥牛犊招待回头的浪子一事有何想法[2]。

因此,当今的伦理学家在充满正义感地痛斥当代的恶习和罪行时,也应该修正一下他们对病因的诊断。他们后悔失去的不是道德和宗教之间的联盟,而是教会和国家之间的联盟。加尔文所在的日内瓦,是最接近这个联盟的地方。在其他地方,政教联盟在强制执行道德方面所起作用只是断断续续的。而且,由于这些批评家很可能拒绝这种政治上的联系,他们必须另辟蹊径,寻找原因解释他们的沮丧,寻找变革的前景。

为了解释这一点,让我对道德行为的历史做两个大胆的假设,这两个假设可以帮助我们看到我们这个时代的前景。有一种广为流传的说法,认为一段道德严谨的时期之后,就是一段道德宽松的时期。但当我们回顾过去的时候,我们怎么知道它是道德严谨

---

1 拉尔夫·英奇(Ralph Inge,1860—1954),英国作家,英国圣公会教士,圣保罗的大教堂的座堂牧师,三度获诺贝尔文学奖提名。

2 这个典故参见《路加福音》第 15 章第 11—32 节。

的时期还是道德宽松的时期呢？毫无疑问，我们观察到的不是道德上的变化。道德是根植于道德良知中的深层次情感，根据定义是观察不到的。我们观察到的是"风俗"（mores）上的变化，是人们的习惯、态度、举止、言辞和艺术上的变化。总之，就是那些在公共场合人们喜闻乐见的东西上所发生的变化。

我进一步假设，这种变化先于道德钟摆的摆动。这并不是说，这种变化只是表面上的，只是上层社会中引人注目的流行时尚发生了变化；而是说，在社会需求或者文化走向的压力下，公众逐渐接受了这些变化，然后，除了这些引领变化的人以外，数不清的人在生活中放松或收紧了行为规范。"数不清的人"，这个词要记在心里。因为在任何一次变革中，都会有非常多的人保持以前的优良习惯——否则社会就会崩溃；同样，也有很多人出现不良习惯——否则警察就会解散，审查官员就会闭上嘴巴。

我们所谓的维多利亚时代，就是狭隘的道德主义时代，它的兴衰就是道德变化的典型例子。这个时代早在维多利亚女王统治之前就开始了，它引起了拜伦和托马斯·洛夫·皮科克[1]这样的自由主义者的大声疾呼："虚伪！虚伪！虚伪！"新清教主义似乎是——也的确是——一种蓄意的虚伪，它的目的是控制法国大革命释放出来的冲动。（法国大革命开始时也许是清教徒式的，但它推翻了太多的东西，挣脱了太多的束缚，以至于激起人们对无限自由的向往，在法国之外更是如此。）为了阻止这种威胁，英国人压抑自我表现的欲望；他们认为性欲是破坏道德的最大动力，所以压抑并且重新引导它的能量。"举止得体"的道德要求把爱与性分开，把后者扫地出门，并把人类的精力引向受到认可的领域：商业、发明、去教堂礼拜和建立大英帝国。

这些引人注目的做法通过文学作品生动地展现在我们面前，随后引发了激烈的反道德主义，并开启了 20 世纪的新篇章。但所有的历史时期都不会完全相同。在整个维多利亚时代，处于社会地位最高层和最底层的人都很容易摆脱性道德和其他道德上的束缚。艺术家以及相关职业的人定期跑到巴黎或者郊外放松。狄更斯有一个情妇，他还带着她和威尔基·柯林斯[2]一起去法国旅行；而塞缪尔·巴特勒[3]会去拜访一位"乐意通融迁就"的女裁缝。一直以来，伦敦都被誉为世界的卖淫中心；而在同样标榜道德的美国，当时最低合法性行为年龄在不止一个司法管辖区中都是 9 岁。

一个世纪后，19 世纪 90 年代的反维多利亚道德主义运动取

---

1 托马斯·洛夫·皮科克（Thomas Love Peacock，1785—1866），英国作家。他的小说以对话为主，人物描写和故事情节居于次要地位，讽刺了当时一味凭理智行事的倾向。

2 威尔基·柯林斯（Wilkie Collins，1824—1889），英国侦探小说作家，主要作品有《月亮宝石》《白衣女人》等。

3 塞缪尔·巴特勒（Samuel Butler，1835—1902），英国小说家，代表作《众生之路》。

得了胜利：我们现在有了新男人、新女人和新道德，这些正是由哈夫洛克·霭理士[1]、奥莉芙·施赖纳[2]、"私生子以及自由恋爱合法化联盟"（Legitimation League）[3]和"新生活联谊会"（Fellowship of the New Life）倡导的。当然，这些新做法里隐藏了"数不清的人"在旧有的道德习惯之间来回摇摆。

对于这些登峰造极的新观念，人们不应该感到意外。自从第一次世界大战结束以来，我们的口号一直都是：摆脱束缚。那场战争本身就把数百万男人和女人推入战壕或是赶进工厂，使他们摆脱了束缚，强迫他们改变了生活和习俗。后来俄国带来了彻底解放的乌托邦式的幻想。自由变成了绝对意义上的好东西，必须在方方面面惠及每一个人。同样重要的是，人的内心也必须让自由主宰。"自我约束"这个词变成了贬义，变成了对人的指责。

回首20世纪原本慷慨、高尚的初衷带来的却是道德宽松效应时，难免会让人产生不以为然的印象。这种联想毫无根据，因为描述事实并不是在谴责动机。不过，把一个值得骄傲的成就与一个可悲的后果联系在一起，对于充满热情的信徒来说似乎是种亵渎，这一点完全可以理解。但是，和其他所有领域不同，文化成就的代价就是它的副作用、它的副产品。现代主义的历史上有很多这样的例子。

有意识地摆脱束缚是从性道德上开始的。离婚变得更容易了，也不会再被打上可耻的烙印了；"试婚"（companionate marriage，一种美国式的创新），为公开的婚前性行为铺平了道路；

避孕教育和避孕技术大行其道；堕胎也合法化了。比起男性，这场所谓的性革命更彻底地解放了女性。妇女的观念和地位发生了根本的改变，她们在以前的年代曾经抗争过两次，而现在成功了：她们拥有了投票权，想怎么过日子就怎么过日子。而且，从逻辑上和社会公正的角度上讲，其他所有受到鄙视、受到隔离、受到忽视的群体，都必须有同样的机会过上充分自由、充分掌握权利的生活。

最终的结果就是，所有的障碍都被看成是不可忍受的，都是不公正的。人们无时无刻不在想着打破藩篱。但在这么做时，人们总是感到被束缚，感到难以忍受。因此，在实践中，每一次挣脱束缚的尝试都加深了受到压迫的感觉。这一悖论不仅仅表现在心理上，也表现在现实中：为了保障每个人和每个群体的权利而出台了各种法律，这划定了保护性边界，同时也创造出新的障碍。整个制度体系变得错综复杂，阴晴不定：因为法令是通过行政系统执行的，官员们遵守的不是规则——比如，上帝禁止这样做！——而是上级的指示；而这些指示总是变来变去，结果就是，没有人说得清什么能做，什么不能做。

1　哈夫洛克·霭理士（Havelock Ellis，1859—1939），19世纪末至20世纪初英国著名的性心理学家、思想家、作家和文艺评论家。

2　奥莉芙·施赖纳（Olive Schreiner，1855—1920），南非作家，反战活动家，知识分子。

3　"私生子以及自由恋爱合法化联盟"是19世纪90年代的一个英国倡导组织，为私生子和自由恋爱的合法化而奔走。

此外，一个人玩忽职守很少被指控为道德败坏。遵守法律就意味着按时提交报告，不把车停在消火栓附近，在移动自家花园的栅栏前先申请土地规划许可证。如果世界以这种方式不断加强管理，就会刺激普通人寻找漏洞，诱使不讲道德的人制造漏洞，导致愤世嫉俗的人变得更加冷酷，令挣脱束缚的愿望生生不息。这种思想上和感情上的冲动必然会剥夺道德行为带来的平静和快乐。习惯遵守道德的人被这种一会儿允许、一会儿禁止的做法弄得不知所措；而其他那些人无视禁令也不会令人惊诧，倒不如说更显示了他们坚定的决心。

这种拒绝遵守道德的倾向在福利国家出现之前就出现了。究其原因，正像我前文提出的那个假设那样，风俗的变化先于更深层次的变化。现代社会和维多利亚时代的风气之间最鲜明的对比就在礼仪领域，也就是所谓的"细枝末节的道德规范"。说一个人"举止得体"，指的是这个人的穿着打扮，也包括这个人的礼仪本身。因此，与之相对的，出现了穿着随意、不拘礼节的风气，并开始成为主流。随着硬领、硬袖口、束胸衣和大礼帽的消失，所有阶层的繁文缛节都消失了。新的礼节可以用一种织物的状态来形容：没上过浆的。

软领子、软胸衣，还有后续更为宽松的产品，不仅释放了身体，也释放了人们的情感。人们通过废除这些阶级标志，实现了民主；人们以最简单的条款开放准入许可，这一切变革的顶点就是回到了中世纪的传统：第一次见面时就直呼其名。亲疏关系的界限和特权似乎成了"精英主义"的论调。

不修边幅、不拘小节的确造成了很大的影响。它简化了衣着的式样——除了葬礼之外，所有场合都可以穿最普通的衣服。最朴素、最便宜、式样最少的着装表明，这样穿衣服的人并不希望得到特别的关注，他们没有那种传统的虚荣，用不着靠衣服来掩饰身体的缺陷。相反，他们对自己很满意，自信这么穿永远不会冒犯别人。最后，头发，这种在漫长的历史中一直用于表达政治倾向的身体部位，终于从精心梳妆和统一样式的烦琐中脱离了出来。尽管有些人利用这种自由，煞费苦心地设计发型来表达自我，但如今头发的作用就像 11 世纪僧侣的做法那样，只是为了模糊脸形。未来的历史学家若是注意到这一切，一定会说，只有当人们放弃了整齐划一的风俗习惯，"生活方式"这个词才可以用来表达多姿多彩的生活。

司汤达喜欢引用他的朋友马雷斯特（Mareste）的格言，"不良品位导致犯罪"。其中导致犯罪的"不良品位"指的不是艺术偏好，而是行为举止。这两者之间的联系是很明显的，就是自律。一个人可能分得清孰是孰非，但能够根据这种认知来行事是比较困难的，这需要自我控制，并不断加以训练。早在马雷

1 　查理二世（Charles Ⅱ，1630—1685），斯图亚特王朝第十一位苏格兰国王（1650—1685 年在位）、复辟后的首位英格兰及爱尔兰国王（1661—1685 年在位）。

斯特说那句话之前，查理二世[1]宫廷中的杰出人物哈利法克斯侯爵[1]就注意到："世人如此无理地嘲笑礼仪，礼仪对世人的报复也足够凶狠。礼仪确实被摧毁了；然而，它带着恶意，心满意足地看着一切随它一起毁灭。"

究竟需要多少礼节、多少规矩，才可以在促进自律的同时不造成压力？这是哲学家和教育工作者要解决的问题。事实上，就像其他的艺术或品质那样，自律很少能自学得来。父母和老师通常在开始时训练孩子们自律。但在这么一个摆脱束缚的时代，他们有理由认为自律是一种束缚，并把它和其他压迫看成一路货，想都不想就把它抛在一边。

此外，嘲笑礼仪的做法带有范围更广、更具知识分子风范的意味，人们对这种态度高度尊崇，它就是玩世不恭。在出版物上，人们赞扬名流们的玩世不恭，好像这是一种绝对准则。玩世不恭的人在原则上嘲笑一切，以表明他没有任何不公正的偏袒。当然，还有另一种做派，也许是对绝对准则的补偿，那就是同情心。如果说玩世不恭显示了坚定的意志，那么同情心就显示了深沉的内心。二者都不需要道德评判：教皇约翰·保罗二世（John Paul II）被描述为"非常坚定、非常富有同情心"的人，但没有人问过"对什么坚定，对谁有同情心"这个问题。我们只能假设，现在每个人都是需要帮助的弱者，都需要来自坚定灵魂的同情。因为很明显，任何一个社会和政治制度都是欺压个人的。因此，让我们不断抗议，享受愤怒的甜蜜滋味，沐浴在同情中，并通过无所不在的玩世不恭进行报复吧。

更难以解释的是，在这样一个个人形象遭到破坏的时代，怎么会有这么多关于尊严——个人尊严的讨论？"尊严"这个词表示直接给予的尊重；表示一个人在给定的范围内，能按照自己的意愿行事的自由；表示对某人的优秀品质带来的价值的认可和欣赏。因此，现代人希望剥去一切伪装、让一切原形毕露的热情并没有用在"尊严"上，而是用在了礼仪上——展现事物的最佳状态上。如果不分场合，不分需求，让怀疑或者好奇的情绪去追求"真相"或者"实情"，那尊严就会消失。斯威夫特说一群光着身子的人可没法组成议会，说的就是这个道理。当德怀特·艾森豪威尔[2]的小肠示意图出现在报纸头版的那一天，他的总统形象就不如前一天了。新闻界已然发现，民主国家不需要达官显贵的尊严。

为了满足这种逍遥自在的愿望，新闻界已经摆脱了诽谤法的束缚；只要不是出于恶意，就可以刊登关于公众人物的谎言。某

1　哈利法克斯侯爵（Lord Halifax, 1633—1695），英国政治家和政论作家。因其在当时激烈的党派斗争中持温和态度，人称"骑墙派"。虽然他的调和态度使他成为一个超然的批判家而不是一个有作为的政治家，但他所遵循的原则吸引了许多 20 世纪的思想家。

2　德怀特·戴维·艾森豪威尔（Dwight David Eisenhower, 1890—1969），美国第 34 任总统（1953—1961）、五星上将，政治家，军事家。艾森豪威尔反感伍德罗·威尔逊总统久病致残，但总是对公众隐瞒的做法，认为民众有权知道总统的健康。他没有想到自己上任后患了严重的肠梗阻和心脏病。于是，他忠于立场，让医生对公众公布了他的病情。

个群体被调侃时，有人大声疾呼"请谨慎措辞"，但在公众眼中，这种谨慎完全没有必要。对于那些伟大的逝者，传记作者也以同样的方式对待他们。我们如此渴望，想知道"所有的事实"，全然不顾它们出现在哪里，所占的比例是多少。

在这里，事实出现的场合和所占的比例构成了"适度"这个概念的相对主义难题。过去，人们用拉丁语的"decency"（得体）这个词来表示"适度"，将其视为道德的盟友。当亨利·詹姆斯提到"基本礼仪"或者 W.H. 奥登[1]提到"正派的人"的时候，他们指的是义务、忠诚、一诺千金、守口如瓶，以及出于自尊而表示的"这件事我不做"的这些品质。

当然，这些品质并没有消失，但它们必须和漫不经心的态度以及对束缚的憎恨——甚至是对自我束缚的憎恨——做斗争。如今公众普遍接受的是，那些发誓永远保守秘密的情报人员在退休后背弃他们的誓言，讲些故事来为自己的回忆录增色。毕竟，他们有言论自由。而且，假如以前那种自尊的概念其实是掩饰狂妄自大的面具，情况又会如何呢？"这件事我不做"，重点肯定放在了"我"上，弦外之音就是"我"高人一等喽。如果换成"没人这么做"，这个说法又带着过时的传统气息。"任何事"都可能发生。玩世不恭的态度放之四海而皆准。

我在本章开始时说过，瓦解道德的力量不是局部的，也不是来自某些派别，它来自现代社会的各个方面。就像在礼仪领域中提倡休闲着装的那些改革者一样，专门从事文化生产的人在摆脱道德束缚的事业中也起到了很大作用。如果说有哪个领域已经公开宣称"怎么干都行"，那就是美术领域了。一个多世纪以来，创作者拥有不言自明的绝对自由。他们创作出许多杰作，展示出前所未有的新价值。但是，并非每位艺术家都具有独创性，许多毫无新意的作品也被伪装成创新。曾经出现过以排泄物"为特色"的画展；有的"雕塑"是艺术家自己脱光了躺在棺材里；还有如今人们已经熟悉的，在城市垃圾场或者海滩上找些垃圾布置成的展览。在文学和音乐领域中，相似的情况也司空见惯，诸如：掷骰子选出的零散字母、前言不搭后语的对话、在木头上不规则的敲击、几分钟的肃穆沉默……

这些"实验"是否能唤醒我们的原始感觉，是否能证明"一切都是荒谬的"，都不是我们关心的问题；这种表现是否真诚也无关紧要，只要人们能看到它们并且谈论它们，它们就设定了一个新的边界，并且证明，几乎任何东西都可以算作艺术，而不会遭到排斥、不会被人一笑了之。一种时尚可能持续不了多久，但人们对新时尚的这种接受态度却可以持续很长时间。就连色情文学也蓬勃发展起来，而整个社会从前所仰仗的"体面、得体"的

1　W.H. 奥登（Wystan Hugh Auden，1907—1973），出生在英国，后来成为美国公民。现代诗坛名家，被公认为 T.S. 艾略特之后最重要的英语诗人，1968 年获得诺贝尔文学奖提名。

道德要求却很少出面干预。因为人们知道，修改法律来加以禁止不是明智之举——人们害怕那么做会显得自以为是。

再看另一个领域，学术界怀着良好的愿望对学术本身提出了质疑。"不要压制！"这是说：压制冲动和欲望会引来可怕的报应。这一正统观点可以追溯到布莱克、卢梭（Rousseau）和拉伯雷。但这种理念很难实施，因为放松要求通常导致疏忽大意——对工作敷衍了事，忘记了学术规范和共同的职责。

在学术领域放松之后，心理学（特别是所谓的"有深度的"心理学）得到了人类学的支持。人类学家的报告指出，萨摩亚人（Samoans）或其他原始民族过着没有外界压迫的生活，因此和平、快乐。西方社会无法复制这种情况是多么不幸啊！对我们来说，最恶劣的压迫来自大众导向的社会。也许，社会压迫从来没有像现在这样持续不断、不可抗拒过。所有的传播手段都在传递这种压迫，比如新闻和广告。社会学也在一旁助力——"在研究和随访的对象中，62%的人都"这么做或者那么做。谁能禁得起这类图表的冲击呢？样本中的数据实际上是在说，整个国家都在和你作对。你算老几？凭什么和大家不一样？正如王尔德的戏剧中那位巴拉克诺夫人（Lady Bracknell）[1]说的那样："统计数字是为了指导我们的生活。"这在当时是一个笑话，但现在却成了生活中的铁律。事实上人们发现，中小学生的性行为和怀孕并不是表明他们度过了一个快乐的、不计后果的假期；他们这么做是因为"同辈压力"，是因为不想掉队。

从 20 世纪初,"教育研究"就开始着手解放这些中小学生了。的确,在太多的教育体系中,这些年轻人的身体和思想都像囚犯一样在忍受折磨。正如改革家几个世纪以来一直说的那样,孩子们应该出于天生的好奇心学习,并由富有同情心的老师来指导。在某些先进的学校里,这种自我管理的观念得到扩展,他们允许班级自己设计自己的日常课程,按需学习,评估自己的成就,而不考虑和别人竞争。分数是不公平的,令人不快;对每个学生的表现只能从心理学角度去分析,只能针对学生个人。在大学里,与之相应的方案是根据每个人的喜好自由选课。很快,必修课看上去就成了压迫和蒙昧主义,是自由发展的又一个障碍,更不用说是对公民权利的侵犯了。

家庭教育紧随其后。为人父母的理论变得很简单,"放手"。孩子的心灵不能受到伤害,父母的观点不能强加于人,孩子的愿望必须尽可能地满足。一个令人高兴的结果是,孩子们不再害怕父母了;但另一个结果却是,父母一看到后代不满,就会战战兢兢。家庭和学校的要求越来越少,孩子们能不能学会自律全看运气,天生恃强凌弱的孩子将教室变成了一个无法无天的三不管地带。

大家一窝蜂地向着自由前进。为了跟上潮流,语言学宣布了一种新的绝对主义:语言里没有对错之分。说错话就像潮汐一样,

---

1 出自王尔德的讽刺风俗戏剧《不可儿戏》(*The Importance of Being Earnest*)。

是自然现象，应该受到尊重。在这一点上，文学帮了大忙：它敞开大门，允许以前摒弃不用的词回归；它打着创造之名忽略语法和句法；它允许那些苦苦挣扎却无法表达自己思想的可怜人随意使用生僻用语。在另外一个极端上，詹姆斯·乔伊斯使用合成词表达了对西里尔·康诺利[1]所谓官方语言的蔑视，还让字典变成了过时的东西。

这种摆脱束缚的高尚情操所造成的影响还没有达到顶峰。人们可能认为，在所有的文化力量中，自然科学在道德和风俗方面是中立的。确实，刚才提到的那些学问虽然都自称为科学，但并不足以使物理学、化学和生物学卷入这个巨大的"松绑"过程中。这个松绑过程来自社会科学和自然科学的底层，来自普遍决定论的讲授。尽管决定论并不总能摧毁道德责任，但它削弱了责任感。当人们在低声嘀咕"我还能怎么办呢"时，良心获得了平静：真正要负责的是无意识的行为，是强势的母亲，是糟糕的环境。所有这些不幸都是超出我控制范围的事情造成的。

这个观点在很大程度上改变了犯罪学。胆大的业内人士说，除非完全放弃责任观念，否则就无法研究和处理犯罪问题。于是，真正的原因出现了：贫穷、破碎的家庭、心理定式和其他命中注定的事实。在法庭上，专家也提出了类似的说法。到最后，没有人能够或者愿意说明，究竟在什么时候出现了故意的、需要负责的犯罪行为。

最后，那些对社会原因以及心理原因持怀疑态度的人认为，可以在生物学家、生理学家的观点中找到替代要素，"人就是一台化学机器"，有左右半球构成的大脑神经系统，还有一整套内分泌系统。饮食、荷尔蒙或者神经元，这些都是原因——如果你想触碰真实的自我，感受它的情绪、记忆、天赋、失败和"无心之过"，就请在这些元素中选择吧。

那么，我们对如今的道德状况以及它的未来该说些什么呢？鉴于本章所阐述的内容，一些人可能会试图完全颠倒最初的指控。他们可能会说，相对主义非但不是当今道德沦丧的根源，而且正是因为缺少相对主义才导致了道德混乱。当相对主义缺失时，取而代之的就是一系列吵闹不休的绝对主义论调。"怎么干都行"，这无疑是一条没有边界的法令，而致力于摆脱各类束缚的群体在社会需求发生冲突时，却很少想过根据他人的需求"相应地"调整自己的要求。

但是，把这个指控完全颠倒过来，却犯了双重谬误：单一原因谬误和纯粹理念谬误。我们前面看到了，将品行不端单一归咎于宗教衰落是没有道理的。同样地，将其归咎于改良社会的理念也是不公平的。事实上，从道德上讲，我们这个社会在无数方面

---

1 西里尔·康诺利（Cyril Connolly，1903—1974），英国文学评论家和作家。在他的自传体著作提到了两种文学风格，其中一种叫"官方风格"，指的是权威官方人士使用或是在商务书信中使用的写作风格。

都比一百年前好得多。西方文明努力奋斗并取得了今天的成就，不就是因为当时的社会环境让人无法忍受吗？在政治和经济生活方面、在社交和两性关系方面有更多的选择，这正是当时最优秀的人士渴望实现的理性目标。他们预见并克服了困难，但他们没有预见到这个选择带来的后果。

在这些后果中，最令人不安的问题是，对美好社会的渴望产生了一种中和的力量，表现在极端的以自我为中心的自私上。在我们的文化中，最明显的特征就是一门心思只想着别人欠了自己什么。这一特征表现在越来越多的"权利"上，表现在艺术家只为自己创作的自由上，表现在要求医师和制造商必须提供完美服务上，表现在广告商倡导的用户至上的原则上——既然每个人都值得拥有一切最新的、令人愉快的、提高生活质量的物品，那每个人就应该马上给自己搞一个。追求自由者陷入了自由的悖论中，强迫自己认为："不要错过快乐的机会。"

这样说来，我们是不是特别邪恶？就像那些老生常谈里说的，特别物欲横流？当然不是。在任何时代、任何社会中都存在贪婪。但今天，有两个情况导致了一种持久的追逐私利的状态。第一，与你不同的人太多了。他们不仅咄咄逼人、目空一切、推推搡搡地走过我们身边，还堵塞渠道、破坏制度、阻挠公平竞争和实现共同的权利。

第二是过去一个多世纪遗留下来的沉重遗产。我们继承了这些管理方法和制造产品的方式；并且，为了过上舒适的生活，我们又把这些成果广为传播。但正是这两件事让我们不堪重负。我们的前辈为了生产放弃了一切；我们则一门心思希望享受这一切，希望看到每个人都能分享这些成就。这种疲惫甚至让我们丢掉了得体的习俗和正规的礼仪。我们常说的一句格言是："规矩就是用来打破的。"我们想打破工作的规矩——不再朝九晚五，想什么时候来就什么时候来；我们想打破吃饭的规矩——没有固定的用餐时间，想什么时候吃就什么时候吃，想吃什么就吃什么。19世纪靠酗酒带来的沉闷慰藉已经不够了，为了放松，我们在吸毒成瘾中放浪形骸。

此外，每天都会出现新事物。它们会扰乱道德习俗，引发道德问题，常常让你陷入与社会对立的道德困境中。在上一次世界大战中，科学家第一次为了道德良知冒险做间谍，当时E.M.福斯特[1]陷入了思考：如果让他在背叛国家和背叛朋友之间做出选择，他是不是有勇气选择背叛国家？如果是早一代人或者晚一代人，面对这个问题恐怕根本不会犹豫。在早一代人里，对国家——也就是对其他人——的忠诚是神圣的。而在今天，这种爱国主义显得很荒谬，让国家自己照顾自己去吧。于是，个人有"权利"在战争期间探望敌人，不向国旗敬礼的人也不算不敬，政府招募科学家做特务被认为是对学术的玷污。如今，个体和个体的道德

---

[1] E.M. 福斯特（Edward Morgan Forster, 1879—1970），20世纪英国作家。主要作品有小说《看得见风景的房间》《霍华德庄园》等。

良知已经高于共同体的主张。

与此同时,在先进技术带来的新形势下,基本上没有了利己主义决定的空间。比如,人工授精、代孕母亲、通过仿真器官和替代液体来延长生命、改变基因结构、干扰尼古丁依赖、通过强制检测来限制性接触传染病的传播——所有这些行为都冲击着社会,也冲击着每个人。就像堕胎一样,这些新做法使人们的权利——例如未出生的孩子和不愿为人母的妇女二者的权利——彼此对立,从而危及这些权利。关于这些做法的道德性质,我们有共识吗?没有,也许永远不会有。但是,多数派的意见会通过立法表达出来。可以肯定地说,法律不会给出绝对"可以"或者"不可以"的回答。它会设定条件,让人来据此判断,这个或那个相应的程序是不是合法。我们又一次得益于某种算是更睿智的相对主义:在脑死亡后移除生命维持系统是否合法?这需要和三个彼此独立的判断关联起来:脑死亡发生在什么时候?怎么知道脑死亡的?这是由谁启动这个检测的?

面对这些可怕的、令人左右为难的道德困境,做出选择的人总是顾虑重重。如果认为在道德受到各种嘲笑的今天,违反道德的人会觉得心安理得,那就错了。他们同样在选择面前挣扎,痛苦不堪:一边符合道德,而另一边太过丑陋。在最近一次关于考试作弊的讨论中,有人提出了一个发人深省的观点。一个学生非常认真地说,不作弊是"不成熟"的表现。对于职业生涯管理中的证书制度来说,"不成熟"这个词无疑是一记戳中软肋的侧击。

不能取得好成绩意味着起步不利，可能注定一生碌碌无为。既然考试说到底就是撞大运的事，学生就有责任为自己增加通过的胜算。不这样做就是幼稚的、不成熟的。

毫无疑问，这种道德判断给出了形形色色以自我为中心的人苦苦寻找的道德答案。它的推理方式并不能说明违反道德是正当的，但足以抨击造成这种行为的制度安排。我们的社会能够容忍大众攻击"精英制度"，并随时准备降低标准以推行平等待遇。在这样的社会里，雄心勃勃、有能力的人会变得冷酷无情。白领犯罪与街头暴力类似，二者都因有罪不罚而受到鼓励。瘫痪的刑事审判系统造成了明显的不公正判决，这是一种永恒的诱惑。塑料，这种无处不在的材料似乎是我们现在的道德状态的完美象征：它既坚硬又柔韧；它不会顺顺当当地恰好合用，但略施手段，它就会延展契合并一直保持状态——直到断裂。

这样的一个社会，是如何从原本最高尚的人道主义意图中产生的呢？答案似乎相当清楚。所有的社会行为都可以归入三个领域：在第一个领域中，这些行为完全自由，因为它们是无害的；在第二个领域中，这些行为被法律禁止，因为它们是有害的；在第三个领域中，这些行为是不是自由，则取决于习俗和环境。在现代社会中，经过大众的深思熟虑，第三个领域遭到侵犯，范围大大缩小。理由是过去的习俗太过随意，而且不公正。从这里摆脱出来的行为扩大了第一个领域，也就是行为完全自由的领域。但是，为了保证这种新的自由，人们也发现，必须把越来越多的行为移到第二个领域中去，以禁止这些行为。

因此，现代社会的公民失去了两种领域的自由，也失去了标注这些自由边界的标志。他总想尽可能地恢复以前的自由，但却成了闯入无人地带的流浪者。如果他的道德来自本能和曾经接受的训练，他就很难做出明智的道德选择，更不用说做出习惯性的道德选择了。在反复出现的道德困境中，对与错常常出现在同一个选择中。事物的价值需要权衡，他完全不知道如何判断，就连小心谨慎的相对主义也屡遭挫败。那些有道德的人只能等待着钟摆有一天重新摆回来。

渐渐"退场"的人文科学

啊,人文科学!每个人都把它的价值挂在嘴边;每个人都认同,再没有人比纯粹的人文主义者更具洞察力的了。但在校的学生们似乎并没有因为接触人文学科而变得更具人文主义情怀。他们像是商量好了似的,都不爱选人文学科。当今的社会还有个心照不宣的流行观点:人文科学只适合那些打算在这个领域内谋生的人。

如果这种看法是真的——我也有充分的理由认为它是真的——那么,人文科学在公众的论战中经历了如此漫长的痛苦挣扎,无疑是帮助和保护它的举措出了问题。但问题出在哪里呢?首先,我们能确定哪些是人文科学吗?通常来讲,我们会想到语言和文学研究,然后是艺术史、哲学;历史有时算人文科学,有时不算，这取决于社会科学家一时的兴致——但这无关紧要。自然科学（science）、社会科学（social science）和人文科学（humanities）三分天下：这种做法的确方便了学术管理，却也包藏了邪恶的种子，几乎给每一次重振人文科学、从中获益的努力带去了恶果。为了和其他非人文科学区分开，人文科学抱团取暖，成为各种"学科"，不可避免地走上了和其他学科一样的专门化道路。结果，人文科学原本的初衷不是被扭曲，就是彻底丧失了。

千真万确！文学和艺术的最新研究类型都是纯技术性的。一个人研究诗歌、小说或者美术、音乐，不是为了理解并享受它传达的寓意，而是为了实施某种复杂的研究方法；并且，在应用这种方法的时候，还要把感觉、快乐和冥想完全排除在外。专家们热衷于实践这些"方法"（approach）——这个名字起得实在恰如其分，因为它们的确只能"接近"，却无法触及问题的核心；但这对那些打算专攻某个所谓人文学科的学生来讲，可能并不适合。这些方法有没有用并不是重点；重点是，如果人文科学也变得和社会科学或自然科学一样，它就失去了传承人文主义精神的效果。

这个断言其实是一个隐蔽的同义反复（tautology），但它包含了一个原则：向非专业人士教授人文科学时需要具备人文主义精神。教师必须从人文科学中提炼出关于人文主义的观点，而且，教学大纲、人文学系、系主任和专业协会都必须允许教师这样做。这个结论反过来带来了意想不到的发现。听听威廉·詹姆斯针对美国早期的女研究生是如何谈论这个话题的：

> 长期以来，提到大学里教授的所谓"人文科学"，人们总是把它和希腊语、拉丁语联系在一起。但是，希腊语和拉丁语只有作为文学而不是语言时，才具有普遍的人文主义价值。因此，从广义上讲，人文科学主要指的是文学；从更广泛的意义上讲，人文科学是对人类在任何一个领域创造出来的杰出作品的研究。我们说人文科学中，文学是最主要的，这是因为它不仅包括文学名著，而且大部分讲述的也都是这些杰作，只要采用批判的和历史的形式开展研究，它所展现的就是一部值得欣赏和赞美的人类非凡之举的编年史。

詹姆斯的定义必须按照字面意思来理解——"人类的非凡之举"，这也包括物理学家的伟大成就：

> 通过讲述历史，你几乎可以赋予任何学科以人文主义价值。地质学、经济学、力学之所以存在，都是因为天才们的一系列成就。在讲述这些学科时也讲述它们的历史，这些学科就有了人文主义精神，就变成了人文学科；不讲述这些内容，那么文学仍然是语法，艺术仍然是目录，

历史仍然是日期，自然科学仍然是公式、重量和测量。

这是人类造物的精选——当我们说到人文科学时，指的就是这个意思。

尽管一些科学家已经这样做了，而且更多的科学家愿意这样做，但詹姆斯最后那一句感叹并不意味着我们必须把自然科学变成人文科学。詹姆斯看到的这种纯粹的可能性，在某种程度上，已经在科学史以及科学哲学课程中发生了。在这些课程中，人们把科学家的创造作为人物传记以及人类文化史的一部分介绍给学生。

但是，詹姆斯这句话所表达的观点具有更广的适用范围。它告诉我们，所有知识都可以分为两种用途：它可以指导技术行动，达到直接和切实的目的；它也可以指导整体的思想和行为，服务于更持久、不那么明显的目的。如果我们称第一种用途为专业的或职业的用途，那么第二种就可以称为社会的或道德的（哲学的或文明的）用途——用什么术语并不重要。总之，一个是技术（know-how），另一个是修养（cultivation）。

大概一百年来，美国的学院和大学一直天真地试图融合上述这两种用途，希望学生们在这两个方面同时受益。能一举两得当然好，毕竟这两种用途都值得学习，也都有实际的价值。但是，它们对学科材料的使用和思想方法不同，不可能融二为一。

这种错误的做法是怎么开始的？在19世纪末，大学面临着巨大压力——来自自然科学的压力,来自商业团体的压力,来自不断发展的技术以及表现出自我意识的新行业的压力。此外,新出现的研究生院更是为"专门化"推波助澜。本科院校不得不调整定位。为了办出特色,他们只能依靠文科教育。因此,为了同时满足社会上对专业人员的需求和学术上对专家的要求,这些本科院校打破了传统的课程设置,发明了选修课系统。哈佛大学的艾略特博士[1]就是这一做法的著名倡导者,他自己是化学家。

就自己的专业而言,艾略特博士自然希望一个未来的化学家或地质学家在本专业花上三年、四年、六年甚至更长的时间,成为一名专精的科学家。但他同样乐于见到,在本专业之外,这个本科生在这四年里可以在这个学期学点这个,那个学期学点那个——也许四年都在学习各种大一年级的课程。在这样的混乱组合中,人们忘记了必须以可控的、严格的方式建设人文学科。大学的课程变得支离破碎,各个院系成了一个个小公国,互相争夺学生,并且通过"专门化"博取关注。

并不是所有关心教育的人都犯了同样的错误。有几位目光敏锐的思想家洞察到了这一点:第一位是威廉·詹姆斯,第二位是约翰·杰伊·查普曼[2],第三位也是与这种制度问题有过密切接触的人——曾出任普林斯顿大学校长的伍德罗·威尔逊总统[3]。1910年,他在威斯康星州麦迪逊市的美国大学协会发表演讲,题目是《论文科教育与职业、半职业培训的不同及其重要性》("The Importance of the Arts Course as Distinct from the Professional and Semi-professional Courses"）。他在演讲中开门见山地说："所有专业课程——包括职业培训，其目的显然是为个人服务的……它的目的……就是要符合谋求培训的人的个人利益。"他把这种局限性视为"我们这个时代思想上和经济上的危险"。说它是思想上的危险是因为，仅仅接受过职业培训的人只是工具，而不是有思想的头脑；说它是经济上的危险则是因为，社会需要的不仅是工具，还有各种思想。威尔逊担心，过度按部就班的生活会造成社会和制度的僵化。他发现，"当一个人到了孩子上大学的年龄时，他的思路和兴趣已经完全局限在某个单一领域中，再也无法理解他所生活的国家和时代"。因此，"大学的职责"应该是"让每一代人成长起来后，又有能力让思想重新泛化、重构概念（re-generalize）"……

威尔逊使用的这个短语很有感召力，也非常恰当——重构概念，也就是说，去纠正反复出现的错误。为此，他希望"有一门

1　查尔斯·威廉·艾略特（Charles William Eliot, 1834—1926），美国著名教育家。艾略特博士是哈佛历史上任职时间最长的校长，任职长达40年。他任职期间主张自然科学与人文科学并重，强调选修课，提高入学标准，使哈佛成为著名学府，而其他院校也群起效法。

2　约翰·杰伊·查普曼（John Jay Chapman, 1862—1933），美国作家。

3　托马斯·伍德罗·威尔逊（Thomas Woodrow Wilson, 1856—1924），博士、文学家、政治家，美国第28任总统（1913—1921年在位）。威尔逊于1902年出任普林斯顿大学校长。

课程，其目的是让听课的人成为现代思想界和现代社会的公民，而不是……成为某一特殊领域的熟练学徒"。他呼吁进行一系列研究，目的是"提供泛化的、概念化的指导，在头脑中构建出知识结构的全景图……培养人的理解力"。

在威廉·詹姆斯和伍德罗·威尔逊的倡导下，我们很容易看到，人文科学，也就是文科教育，和专门化的职业教育（包括学术化的人文学科）正好处于互相对立的两个极端。这一点很容易看到，但要牢记于心却很难。为什么？因为就业的压力使人们产生疑问：这些文科教育对职业发展有什么用呢？人们难道不是因为怕被课程的内容惯坏，所以坚决抵制吗？詹姆斯和威尔逊都不反对专门化，都不反对职业培训或专业技术培训；抵制的情绪来自另一方，来自职业或专业技术这一方。我们必须直面它的挑战。詹姆斯用一句话回应了这种观点，这句话如今广为人知，但真正理解的人并不多。他说："考虑良久后，我能给出的最为简明扼要的回答就是，大学教育的理想追求，期望令你达成的最佳成就便是——帮助你在遇见贤达时能有知人之明。"（他这里说的"人"当然不是特指男人，而是指所有的人。）在对女性发表演讲时，詹姆斯还补充道："这句话既适用于男校，也适用于女校。但我要表明的是，它绝非戏言，更不是以偏概全的空洞辞藻。"他的这段简要说明是这样展开的：

> 人们告诉你，在（职业和专业技术）培训学校中掌

握的是一门相对狭窄的实用技能,而"大学"赋予你更自由的文化、更广阔的视野,"大学"教会你历史的视角,让你感受哲学的氛围,或体会到其他类似词语试图表达的东西。人们告诉你,在培训学校里,你会被培养成一个完成具体工作的高效工具;但除此之外,你仍然是未经提炼的原油,点上就冒黑烟,无法把光传播出去……那么,这些话究竟说对了多少呢?这种说法究竟有多少可信度呢?

首先,可以肯定的是,即使是最狭义的职业或专业训练也不只是培养熟练工那么简单——它同样让人具有判断他人技能的能力……精益求精、干净利落、圆满完成;敷衍了事、消极怠工、漏洞百出——这些词语表明在众多不同的工作中都有同样的对比。

既然如此……既然我们的教育宣称首先是要避免变得"狭隘",那么,我们是否也获得了良好的判断力,能辨别出孰优孰劣呢?

答案当然是肯定的。

依此展开研究,我们就知道哪类活动经受住了时间的检验,从而取得衡量卓越水平与持久能力的标准。所有的艺术、科学和机构设置都不过是人类对完美孜孜不倦的追求……在看到卓越的不同类型、检验的多种多样、适应的灵活变化时，我们就会对"更好"和"更差"这两个概念的含义有更丰富的理解……批判能力就变得多一分敏锐，少一分偏执。即使在纠正他人的偏误时，也能够将心比心；即使在为胜利的一方喝彩时，也能够对功败垂成和历经坎坷的痛苦感同身受……对一切人类杰作的感动，对值得仰慕之事的仰慕，对廉价、低劣和昙花一现的蔑视——所谓批判意识即是如此，就是对理想价值的渴求。这是更为高级的智慧。

这就是我们今天一直在念叨的"追求卓越"。然而，如今看来，这句格言即使不是忽悠人的，显然也达不到它预期的效果。在高等教育中，我们颁发的学位证书本来可以证明学生的卓越表现，但为了优中选优，我们要求他们还要提供成堆的推荐信。我们还必须假设，这些推荐信中会有一封实话实说的信，来帮助我们做出正确的判断。即便如此，我们还不满意，还要求所谓客观考试的分数。总而言之，我们在遇见贤达时，并没有知人之明。招生官员、人事主管没有知人之明，受过良好教育的选民也（差不多总是）没有知人之明。有人可能会反驳说，判断需要经验。没错，但同样没错的是，人文科学教育不仅让你体会到他人的类似经验，同时也让你做好准备，在将来能快速汲取生活中的经验。

对于"人文学科有什么用"这个问题，有几个回答必须从一开始就反复灌输给学生。必须让他们明白——或者暂时相信——他们学的东西非常有用。适当接受一些人文学科的教育会对他们的思想和性格产生潜移默化的影响，会让他们终身受益。

　　与提出这种预测同样重要的是，避免做出虚假的承诺。学习人文学科并不会让一个人更有道德、更宽容、更开朗、更忠诚、更热心，和异性交往时更成功或者总体而言更受欢迎。它可能有助于产生这些令人愉快的结果，但也只是间接的，要通过受过训练的头脑才能实现：这个头脑的条理更清晰，能够探究并且区分什么是真的，什么是假的，什么是事实，什么是观点；这个头脑具备更强的读、写、计算能力；这个头脑具有训练有素的好奇心和从容的自信，关注世界，对正能量敞开怀抱。

　　所有这些都是可能的结果，但没人能打包票。生活就像生病吃药，没人能保证一针就灵或药到病除，但我们还要继续过日子，继续去看医生。所以，我们必须重申：不要对人文科学夸大其词，而是要在教师的心中，在院系、全体教员、管理层以及不可或缺的顾问团队心中形成一种信念，坚信这些课程一定有用。哪怕没有人能说——"因为我学过埃斯库罗斯[1]的悲剧，所以我给董事会做的演讲更出彩了"，我们也坚信这些研究和学习是有用的，

1　埃斯库罗斯（Aeschylus，前525年—前456年），古希腊悲剧诗人，与索福克勒斯和欧里庇得斯一起被称为古希腊最伟大的悲剧作家。代表作有《被缚的普罗米修斯》《阿伽门农》《善好者》等。

会在我们的日常生活中起到实际作用。

下一个要求显而易见，但同样很困难——这些课程必须由人文主义者来设计和讲授。人文主义者当然有，但没人能一股脑地把他们都找出来。根据詹姆斯那句"在遇见贤达时能有知人之明"的原则，只有人文主义者才能找到同道中人。我们说的不是寻找天才，我们并不需要超凡的天分，我们需要的是一种态度和教学习惯。目前，美国各地的英语系、哲学系、历史系都挤满了学识渊博、能力出众的人，但其中只有少数人能够将人文科学当作人文科学本身来讲授。我在哥伦比亚大学长达半个世纪的工作经验一次又一次地证明了这条经验真理。在"当代文明"系列课程中，在人文科学的系列课程中，在"经典名著专题研讨"系列课程中，有些选来教授这些课程的人失败了。这通常是因为他们不喜欢所从事的工作，还有就是他们缺乏人文主义精神。

他们失败的另一部分原因在于，人文学科的教学不能通过单纯讲授、手把手地指导或死记硬背的方式来实施，必须采用苏格拉底的方法。这实际上是一种讨论的方法，但并不是通常意义上的讨论。该方法的精髓是，在有指导和纪律的条件下，按照规则依次交换意见。教师不能强迫学生的谈话进入预定的轨道；但他必须，用斯威夫特的话说，"压制伶牙俐齿的人，鼓励笨嘴拙舌的人"，这样才能在兴趣盎然的气氛下讲完所有内容。

这类课堂活动是一种不排斥任何一方的包容性谈话。它需要教师具有丰富的知识、清晰的表达、对词汇的敏感，礼貌，迅速感知某一言论的力量、逻辑，以及一种坚定的认知——人文科学的学科材料全都来自社会，也会影响社会。在人文科学中，理想的人文主义者通过无数种方式——各种俗谚鄙语，口口相传的歌谣和写成文字的诗歌，散文和戏剧，音乐和舞蹈，政治和法庭辩论，历史和书面历史，神话、宗教和神学——把人当作人来交流。我们可能以为，所有这些活动都产生于大学课程表或教师组织的研讨中；但实际上，这些都是历史悠久的社会活动。这些活动综合在一起，向我们展示了人类的全部经验，供我们加以审视。

这些浩如烟海的思想和情感的结晶，不可能通过学习一门大学课程就完全掌握，甚至穷其一生去吸收——哪怕只是浮光掠影地扫一遍——都不太可能办到。因此，当一个人要教给青年人或成年人做人的意义时，选材是不是明智，就变得非常重要。正如詹姆斯说的那样，必须筛选"人类造物"，选取最适合的样本，才能在这些人心中留下持久的印象；否则，他们会因为年龄、教养或者环境的局限，无法意识到这个宝库的存在。

因为必须选择，所以出现了"经典名著"这个概念。20世纪初，哥伦比亚大学的乔治·爱德华·伍德伯里[1]最先提出这个

---

[1] 乔治·爱德华·伍德伯里（George Edward Woodberry，1855—1930），美国文学评论家、诗人。

概念；之后，约翰·厄斯金[1]把它开发成一门课程；再后来，莫蒂默·阿德勒[2]和罗伯特·哈钦斯[3]又把它带到了芝加哥大学和圣约翰大学。现在，这一理念茁壮成长，已经有了自己的生命。但它绝不是介绍人文科学的唯一途径。很明显，课程中的某些内容应该包括原著，而不是二手的描述或批评。读莎士比亚原著比看评论文章更合适也更有趣，听贝多芬的作品也胜过钻研曲目注释。总之，我们可以信任信念坚定、行动果断的人文主义者，他们能够设计出一套新的人文科学的教程。

但是，它必须是一套教程，必须是一个系列课程，而不是一堆可供挑选的讲座。这套教程中的所有课程都是必修课，应该要求学生按照正确的顺序，在四年内修完。零打碎敲的东西不会起到什么效果，不会让你有弓马娴熟的自信，也不会让你掌握某种思维模式。没有人会相信一个本科生在这里囫囵吞枣地看看"世界文学"、在那里蜻蜓点水地读读艺术史，就具有"人文主义精神"了。人文科学在本质上是拒绝选修系统的。那些没有准备好接受文科教育的学生，对于应该选什么、不应该选什么，只能靠道听途说的建议——或者根本没有建议。再强调一遍，人文科学的社会属性在逻辑上要求大家具有共同的培训体系和知识体系。无论这套教程是按历史还是按话题组织起来的，对学生的训练都必须是循序渐进的。这样，每个部分都建立在前面部分的基础上，学生的本领不断增长，可以享受到运用这些本领带来的乐趣。在所有可以想到的学科中，人文科学尤其不该加以分割或分隔。请记住威尔逊的希望：希望每一代新人都有能力重新泛化、重构概念。

威尔逊说过，职业培训是为个人服务的，而泛化的、概念化的文化教育是为社会服务的。他说这话的时候，无意中提出了一个需要公众关注的政治问题。人们经常使用"平民主义"（democracy）和"精英主义"（elitism）这两个定义模糊的术语来展开讨论，认为人文科学应该偏向后者，反对前者。这样的观点自相矛盾，愚蠢透顶。一个人并不因为对文学和艺术一无所知，就是平头老百姓；也不因为曾接触过一点文学和艺术，就是社会精英。只有利用知识欺压别人的时候，知识才成为不公正的权力来源。医生、律师或牧师可以利用知识剥削、羞辱他人，但也可以利用知识成为一个人道主义者和慈善家。无论如何，假设任何利用自己的教育背景欺压良善的人背后，都有一个"精英"在密谋压迫大众，这种观点是荒谬的。正如威尔逊指出的那样，人文主义者也是利己主义者（individualist）。就他们本身而言，

---

1 约翰·厄斯金（John Erskine，1879—1951）美国教育家、作家、钢琴家和作曲家。他是茱莉亚音乐学院的第一任校长。在哥伦比亚大学任职期间，他制定了"一般荣誉课程"，负责激发有影响力的"经典名著"运动。

2 莫蒂默·阿德勒（Mortimer Adler，1902—2001），美国哲学家。

3 罗伯特·哈钦斯（Robert Hutchins，1899—1977），美国教育哲学家，1927年至1929年任耶鲁法学院院长，1929年至1945年任芝加哥大学校长，1945年至1951年任该校名誉校长。

最不可能有什么针对大众的阴谋。所谓"针对大众的阴谋",就是"精英主义"这个愚蠢术语的全部含义。

比起想象中的精英,还有一个更现实的危险,它来自我们当前把专门化教育和夹生饭似的文科教育结合在一起的做法。这个危险就是,我们会成为装着一肚子碎片化知识、只会卖弄学问的书呆子。我是按字面意思和通俗的说法使用"书呆子"这个词的,指的就是那些在业余消遣或职业生涯中,受到某种强烈爱好影响的千万民众。在他们日常生活的这两个领域中,这种爱好表现在各种"行话"里。我说这些话的时候,心里想的是观鸟爱好者和自然爱好者,还有喜好收集唱片、八卦流行歌手和电影明星的追星族。我说的学问是指各类"拥趸"和"粉丝"拥有的那种学问,这些人里有棒球迷、歌剧迷、火车迷和各种物品——从初版图书到耳坠子——的收藏迷。

说这些人是一肚子碎片化知识的书呆子,不仅仅是因为他们知道并且记下了大量的事实——如果学校要求他们学习同样多的事实,他们大概会尖声高喊反对暴政。令人惊骇的不是他们掌握信息的范围,而是他们缺乏反思,缺乏对这些信息、对自己与世界关系的深刻认识。他们从不拿外界的东西做对比或者比较;从这些堆积如山的事实中没有获得任何洞察力;也不提炼出概括性的法则,从而减少千篇一律的尝试。他们囤积的学问是一笔不创造价值的金钱——它不生"利息",因为从严格的意义上讲,他们并没有使用它。有人可能会争辩说,当需要购买更多的珍本书籍、银盘子或者邮票的时候，这些关于事实的知识就会派上用场。但是，这并不是用知识来丰富生活和获取智慧。而当人们以人文主义精神掌握并且使用知识时，任何知识都可以达到这个目的。

我并不是以一个局外人的身份在这里说风凉话。我也喜欢棒球、歌剧、铁路列车，喜欢读破案故事，我的确对这些东西有所了解。但让我感到沮丧的是，那些比我知道得更多的人，似乎并没有用它做任何事，只是在与同好一起聚会时，比比谁知道的更多而已。

所有倡导人文主义教育的人都和我一样，强调这门学科的重点在于陶冶情操。他们说，人文主义教育是用来塑造心灵，而不是提供信息的。他们要求教师们牢记，首先要关注的不应该是解读课堂材料，而是学生的思维模式和情感模式的发展。一些人文主义者说，他们才不在乎一个大学生毕业十年后，把他在学校里学的东西都忘了。这对他们来讲甚至是一种炫耀，一种自豪的姿态。他们这么说似乎是要把高大上的人文科学与矮穷矬的职业培训区分开来。这实在是一种可笑的矫揉造作之举。如果一个学生真正领悟了人文科学以及它的意义，他就不会忘记在陶冶心灵的过程中，不断学到的那些具体内容、那些要素的点点滴滴。

此外，人文科学提供了大量的词汇——术语、短语、名称、典故、人物、事件、格言、禅机妙语——它们包含了无数种意思，可以借此思考和评价这个世界。所有这些都是实际存在的事实，都是需要理性地、准确地记住的知识。因此，作为知识体系的人文科学提供了一种共同的话语体系。我们常常大声呼喊，说我们需要"沟通"，声称因缺乏沟通而深受其苦。其实，我们需要的是真正的交谈，而一肚子碎片化知识的书呆子很少能做到这一点。交谈是美好社会和美好生活的来源。它是一把钥匙，打破了藩篱，帮助我们走出了专业、职业和爱好的牢笼，也帮助我们走出了艺术和学术的牢笼。

过剩的艺术

今年，和往年一样，联邦政府、州政府对艺术资助的拨款将再次削减。与此同时，艺术领域的开支却在上涨——房租、水电费、印刷费和各种杂费都在上涨。然而，人们还是不断读到、听到各种消息：又一个舞蹈团成立了，又一个室内管弦乐队首次登场，又有新成立的剧团在努力吸引观众，又有人在策划什么艺术节和展览了。每个新成立的艺术机构都相信自己能闯出一片天地，获得应有的资助，而且都在竭力争取公共基金和私人基金的补助。

艺术经费不断萎缩，艺术供给不断增长——二者之间的反差反映出人们对艺术的态度和想象，而这些态度和想象已经很久没被反思、审视过了。最常见的想象是，艺术作品多多益善，所以，公众有义务支持任何配得上艺术之名的东西。私人基金不够，就让公共资金补足差额。但是，既然公共资金并非取之不尽、用之不竭，就需要重新思考，以便制定出新的评判标准和回应标准。

总有人大张旗鼓地宣扬艺术，这是引起上述混乱的第一个原因。艺术并不是一种同质化的商品，对艺术的需要和用途也不是不言自明的。那些顶着艺术之名向公众提供的产品是一个大杂烩，有物品也有表演，类型各异，质量参差不齐。流行艺术不靠任何资助，仅靠艺人的努力照样蓬勃发展。他们是大众的明星，得到虔诚追随者的大力支持。迈克尔·杰克逊（Michael Jackson）从来没有申请过联邦补贴；芭芭拉·卡德兰[1]也不需要得到古根海姆[2]基金会的资助才能写下一部作品。

另一种艺术——"高雅艺术"——虽然在其忠实拥趸中人气很高，但相比较而言，并不那么广为流行。观众席、博物馆和剧院里经常挤满了人，顾客们也自掏腰包，但这么高的上座率还不

---

[1] 芭芭拉·卡德兰（Barbara Cartland，1901—2000）被称为圣母芭芭拉，英国作家。她不仅写通俗小说，而且还是历史学家、剧作家、政治活动家和社会活动家，曾长期为改善助产士和护士的待遇而斗争，并因此获得国际声誉。

[2] 古根海姆家族是一个有着阿什肯纳兹犹太人血统的美国家族。可追溯的家族最早的成员是于1847年到达美国的迈耶·古根海姆。19世纪，该家族拥有的财富位于世界前列。后期，该家族以其慈善事业及对现代艺术和航空业的贡献知名，其中包括古根海姆基金会、古根海姆航空试验室，和贝聿铭所设计的位于纽约西奈山医院的古根海姆艺术馆。

足以扭亏为盈。这种类型的艺术，在传统上是民族自豪感的源泉，但同时也是不断四处化缘的事业。高雅艺术从来没有盈利过。

如今，高雅艺术广开财源，接受各种各样的资助。艺术家个人和艺术团体依赖市场获得部分生计来源，但通常还必须得到个体赞助人或者公共拨款的补充。大型艺术机构利用手里的捐款，为他们支付部分费用，但这些机构自己也需要政府拨款。此外，他们还能获得学院和大学的资助。最后这种资助形式是美国在20世纪的一项创新之举；这是经济大萧条后，艺术家在教学工作中寻求庇护时的副产品，得益于人们对文化普遍拥有的热情。校园艺术既依赖私人资助（学生学费），也依赖公共补贴（州政府和地方政府对高等教育的拨款）。作为回报，大学提供了大量免费的戏剧、音乐、电影、舞蹈和视觉艺术，都是市场永远不会冒险尝试的东西。

在校园之外，一些老牌的艺术机构也陷入了困境。大家都能看得到：博物馆和图书馆开始从事零售和邮购业务，他们出售书籍、艺术品的复制品、袖扣、烟灰缸、日历、明信片，以及其他素描和绘画的复制品。纽约公共图书馆将大厅出租，用以举办晚宴和鸡尾酒会；波士顿图书馆除了经营前往"艺术现场"参观的游船外，还出租场地用于拍摄电影《波士顿人》（*The Bostonians*）；在华盛顿，菲利普美术馆的画廊每晚租金是5000美元。

至于那些艺术家，他们中的大多数人会周期性地陷入入不敷出的窘境。看到这一情景，艺术爱好者们总是抨击他们口中所谓的"物欲横流的社会"，而且认为社会应该更慷慨地为高雅艺术买单。这两个指责都是没有根据的。所有已知的社会都是物质主义的社会，人类社会完全是为了物质目的而存在的。我们这个社会不同寻常的地方恰恰在于，它在艺术、教育、慈善事业和其他善举方面的慷慨付出。自私和庸俗并不是我们现在面临的问题——对艺术最热忱的关注部分正是来自商界人士和政治人物。以前存在的冷漠或轻蔑态度如今已被关心和虔诚取代。削减预算是因为需要解决迫在眉睫的问题——穷人、病人、失业者、修建道路和学校。总之，问题不是出在公众对艺术的看法上，也不是出在公众对艺术的投入上。问题的症结在于资金的分配：指导——如果可以用"指导"这个词的话——资金分配的原则，建立在完全未经审视的"艺术"概念上。

没有哪个"关心艺术"的人敢提出供过于求这个问题。我们对农产品过剩、营养过剩、生育率过高带来的危害很熟悉；同样，我们也应该把艺术过剩视为一种困境。

艺术领域的供过于求并没有迫使艺术品降价，或者导致艺术家"改行"，它只增加了对补助的要求。博物馆或者剧院很少宣布破产或者搬到另一个城市去。它们在亏损和眼泪中挣扎，总是到最后一刻被捐款或者新的商业计划拯救——又能苟延残喘一年。

这是命中注定的结果，是深埋在我们集体意识中的一个神话造成的。19世纪早期，艺术家作为社会新贵闪亮登场，被捧为英雄、预言家和天才。天才们必须按照自己的心意尽情发挥，其他人只负责满怀感激地将贡品摆上圣坛。现在，我们感受到了这个极具影响力的神话所造成的后果。因为艺术令人精神振奋，因为很多人多多少少都有一点艺术天分，因为艺术家的生活看起来自由自在；所以，每一代都有越来越多的人想成为艺术家。在美国各地，一个又一个机构都在致力于培养这类人。

学校关注每一丝天才的火花，试图煽起狂热的野心。两岁孩子的手指画被挂在教室的墙上，儿童诗歌得以公开朗诵。在大学以及艺术和戏剧学院里，同样的鼓励延续下来。奖学金和各种奖项刺激所有人在技艺上精益求精。任何艺术家或者未来艺术家的简历上都列有一长串奖项、证书和受到的表彰。精通某种技艺和具有天赋不再是出类拔萃的标志，它们是标准配置。

但他们人生的下一个阶段完全没有着落：他们的才华在什么地方，以什么方式才能发挥作用、服务社会，且配得起他们受过的训练呢？竞争非常激烈。年轻的音乐家、演员和舞蹈家组成艺术小组崭露头角后，就立刻投入到这场争夺资助的混战中来。在绘画和文学创作领域，争夺的目的是把自己的作品打入画廊或者打进出版社。结果却被告知，画廊的作品已经多得挤不下，而诗歌也没有出版的商业价值。总之，尽管本意很好，但我们制造出了供过于求的局面。大家的胃口在鼓励之下越吊越高，超出了资源的承受能力。

我们看看大纽约地区艺术品过剩的情况。纽约港务局的一份报告显示，1985年，纽约大都会区约有11.7万份工作岗位与艺术相关，形成的年收入达20亿美元。这些数字背后的真实情况是什么呢？在你清点完为数不多的著名博物馆、剧场，各种户外和音乐厅表演的歌剧团和芭蕾舞团后，你还必须加上诸如：本地和外地来访的管弦乐队、大量滋生的室内乐队、众多公共和半公共的图书馆，以及几乎24小时不间断的讲座和诗歌朗诵会。此外，还有数不清的"分销渠道"也在提供他们的产品。教堂里上演戏剧，周日下午还举行管弦乐队的管风琴表演。在圣约翰神明大教堂（Cathedral of St. John the Divine），人们可以看到圣坛上表演着印第安米斯基托人（Miskito）祈祷丰收的舞蹈；在教堂礼拜时，还有人在过道上滑旱冰，为吟唱荣耀颂歌增添活跃气氛。一到夏天，在洛克菲勒中心的下沉式广场上就会有免费的音乐会；伦纳德·伯恩斯坦[1]会去琼斯海滩（Jones Beach）指挥另一次演出；约瑟夫·帕普（Joseph Papp）[2]会为城市公园里推婴儿车的妈妈、照看小孩的保姆重写莎士比亚剧作。

---

1 伦纳德·伯恩斯坦（Leonard Bernstein, 1918—1990），美国指挥家、作曲家。

2 约瑟夫·帕普（Joseph Papp, 1921—1991），美国戏剧制作人兼导演。曾创立"公园莎士比亚剧"项目。

有人可能会说，纽约是世界之都，艺术项目在此荟萃一堂并不奇怪。确实如此。但在许多其他城镇，在"艺术公园"和野外经过改造的谷仓中，高雅艺术也在招揽公众的关注。地方剧院不断增加，到处都有大大小小的艺术节——仅得克萨斯一个州就推广了200多个艺术节。艺术在我们的生活中无处不在：很多公司在接待室里放一件艺术品——用艺术形象打造商业形象；高级酒店和汽车旅馆的房间里都有艺术品，要么是原作，要么是复制品；我曾经在一面镜子的两侧，各发现一张凡·高（Van Gogh）的向日葵。开会的时候也有艺术：在美国艺术与科学学院（American Academy of Arts and Sciences）关于尼尔斯·玻尔[1]的一次研讨会上，有弦乐四重奏现场表演；一家教师俱乐部供应的食物不尽如人意，但在他们的年度报告上却吹嘘说，上一个财政年度，该俱乐部赞助了两场室内音乐会。

早在1840年，巴尔扎克就沮丧地注意到巴黎竟然有两千名画家。50年后，德加[2]说："我们必须给艺术降一降温。"但是，人们自然无法阻挡或者削弱如日中天、不断扩张的艺术。我们可以付钱让农民们不种庄稼，但我们无法付钱让艺术家停止创作。然而，我们必须有所作为。用一个永远无法满足的愿望吊人胃口，这么做是不道德的。而我们的培训学校、艺术委员会、捐赠机构和各种基金会都在这么做。他们描绘美好的未来，告诉人们，每一件杰出的作品、每一位杰出的艺术家都会获得认可和资助。当希望破灭时，愤怒和痛苦自然随之而来。

让艺术家愤怒的不仅仅是钱。政府补助是由人（通常也是艺术家）来发放的，他们承担了官僚的角色。他们的角色将他们与申请人这个群体分割开来。补贴，即使是私人基金会的补贴，也是一种官方行为。在这个问题上，法国三百年来的经验已经有了明确的结论。在法国，模仿学院派风格的人获得了订单的佣金和补贴；而那些创作出我们如今欣赏、赞美之作的艺术家，却只能听天由命，挣扎着活下去。"官方艺术"这个术语指的是老成持重的、安全的艺术。正如约翰·斯隆[3]在说服政府资助时说的那样："在这种情况下，我们就知道谁是我们的敌人了。"

正是我们当前的文化态度导致了这种供过于求的艺术大量出现，它们四平八稳、令人愉快，但真正的伟大作品却很罕见。与此同时，顶级的艺术机构努力保持昔日杰作的活力，并寻找可以与之媲美的现代作品。在资金分配上，艺术创作者和艺术看护者之间的境遇相同——结果也一样：都很失望而且吃不饱。只有改

---

1 尼尔斯·玻尔（Niels Bohr，1885—1962），丹麦物理学家，1922年获得诺贝尔物理学奖。

2 埃德加·德加（Edgar Degas，1834—1917），法国印象派画家、雕塑家。

3 约翰·斯隆（John Sloan, 1871—1951），美国画家，垃圾桶派的杰出成员（一群以真实地描绘城市日常生活而知名的画家）。在《鸽子》《后院，格林威治村》和《星期天，妇女们在晾头发》等作品中，斯隆捕捉到纽约城的色彩和动感。

过剩的艺术

变我们的文化态度，引起政策变化后，才能结束这种不管白猫黑猫、拿到资助就是好猫的令人沮丧的局面。它不会解决一个无法解决的问题，但至少可能解决一半问题。

第一步应该接受一个概念，即把"公共艺术"与其他所有艺术区分开来。几个世纪以来，公共资金主要用于公共艺术和公共机构——博物馆、图书馆、歌剧院、管弦乐队、剧场和舞蹈团之中。除此之外，其他所有艺术都是由私人赞助以及业余爱好者的小团体支持的，或者在当地悄无声息地发展，从没指望要得到更广泛的认可。我们姑且把这类艺术活动称为家庭艺术，因为它与早年间人们在家里自娱自乐的艺术相似。我们的错误，或者说我们的困境就在于，现在大部分艺术都是家庭艺术，却非要成为公共艺术。我们没有理由忽视或者轻视家庭艺术，但也没有理由用公共资金资助它。家庭艺术太多了，引起了激烈的竞争，反过来让越来越多真正的公共艺术机构变成了礼品商店、农贸市场、邮购商店和鸡尾酒吧。

毫无疑问，学校培养的学生中有一些的确是伟大的画家、作曲家、诗人、剧作家和表演家。如果他们还具有顽强的毅力，就可以让他们尝试走职业化的道路。而他们面对的将是一生的劳作、无人喝彩的孤独、屡次的失望、飘忽不定的资助和时断时续的成功。其中的少数人最终会名扬世界，富甲一方。我们在大学和艺术院校，应该告诉年轻人"辉煌的艺术生涯"实际上是什么样子的。这种状态在五百年间并没有改变，它在书架上的传记作品中随处可见。这根本是一场对耐力、意志力、对自身狂热信念的考验。

对于那些同样具有天赋，但毅力不够的人，切实可行的目标是为当地的观众服务，这些人愿意为某类艺术活动提供基本的支持。这种情况已经在各地出现：一些已经组建的小乐队，汇聚起作曲者、词作者、歌手和乐手，演奏怀旧或新潮的音乐，娱乐当地社区。不必大肆宣传，不必筹集资金，也不必非要变成"公共艺术"。我们今天津津乐道的巴洛克室内乐，曾经就是这种形式。这就像我们玩象棋或桥牌一样，十分低调，一点都不装腔作势，也没有人提出要获得官方资助。诚然，这些"私下里的"艺术家将不得不通过艺术以外的手段来养活自己，并且放弃在世界上扬名立万的梦想。但就目前的情况而言，艺术过剩的局面已经替他们扼杀掉梦想了。他们中的很多人甚至连一份教书的工作都找不到——艺术教师同样供过于求。

通过重新引导艺术家的艺术活动，地区文化将会蓬勃发展。随着这些更具天赋的人加入，文化质量也将提高，这些人也不用像现在这样，徒劳地试图爬上金字塔的最高峰。而且，拒绝向这些人和团体提供公共资金，也不是吝啬、心胸狭隘、缩减开支的做法；相反，这是一剂让很多人摆脱痛苦的良药，对艺术家以及赞助人来说都是如此。放弃一整套、全方位的公开展示和表演，这些"私下里的"艺术家将不会再过那种入不敷出、沿门托钵的日子。事实上，他们费了很大气力才争取来的资金，大部分都给了舞台工作人员、电工、印刷工、房东，以及各种赚取利润的供应商。

这样，公共资金——来自纳税人的钱——的力量可以充分发挥出来，更多地用于公共艺术，也就是用于受到认可的公共艺术机构上。在每个地区，这些机构尽人皆知，向所有人开放。当它们的水准下降时，就会受到公众的批评。作为一个国家，如果我们认为公众需要高雅艺术，那么就应该像支持警察局和气象局一样支持这些机构。我指的"支持"，不是在一轮又一轮的痛苦和恳求之后，给一点残羹剩饭。公法已经认可了这些机构的社会价值，减免了它们的税收。这些机构的其他需要也应该得到充分的满足，这才能使机构上下心无旁骛地工作，不再去做那些小商小贩的事。

这些建议和可能性与该不该削弱政府在社会中的作用毫无关系，也并不是仅仅与资金相关，或仅仅与艺术家的雄心壮志相关。在我呼吁"为艺术降温"时，我想到的是作为整体的高雅文化，以及我们与高雅文化的关系。在围绕资金的竞争中，在各种优雅的大吹大擂中，在艺术品泛滥的局面中，在出版物和广播的各种大惊小怪中，艺术体验本身发生了一些变化。艺术供给的数量过多，因而艺术体验的质量在下降。伟大的作品随处上演、随处可见，几乎唾手可得；结果就是，它们成了消费品，而不是沉思冥想的对象。太过频繁或者太过匆忙地消费它们，观众已经对它们过于熟悉，这些作品因此失去了力量和深度。当我听到有人自豪地说

"我在博物馆逛了一天"的时候,我对这么做的效果深表怀疑——这么一场盛宴下来,肯定和喝醉了酒差不多。同样地,大量的音乐——一首接一首的交响乐,一部接一部的歌剧——不间断地播放,效果也和麻醉剂相仿。我们应该还记得,希腊人每年只在某一天,欣赏一幕三部曲和一幕喜剧。高雅艺术是为罕见的节日准备的。人们必然先是翘首期盼,然后是兴奋、惊喜;等到平静下来以后,在沉思中回忆。但艺术过剩使我们变成了饕餮之徒,只管狼吞虎咽,却顾不上消化。

这种情况损害了人们对新艺术的判断能力。那些热心的或忠实的观众,置身于古典和现代的艺术浪潮中,变得昏昏沉沉、心不在焉,发现一切都那么美妙。这种神奇的感觉流过他们的身体,却没有流进他们的心里。其中一个后果就是,任何令人震撼或者奇特的事情,在他们那里都变成了有趣,成为能聊上一个月的谈资。因此,我们在艺术上"来者不拒"的态度带来的另一个副产品就是,我们喜欢的是机智,而不是艺术。这为真正的原创艺术家设置了更多的障碍。

单一原因谬误

在美国的历史学家中，沃尔特·普雷斯科特·韦布[1]可谓独树一帜。他认为美国西部辽阔的土地孕育出了和美国东部完全不同的文化，他通过研究农场经营者使用的基本工具和它们的用途，诠释了这种文化的特征。

这种智力上的精彩表演引人入胜，魔术师般见微知著的本领传达出逻辑上的一致性，让人们感到宽慰。这种一致性反过来又维持住人们的希望，暗示现在的混乱只是表面现象，其底层仍然秩序井然，未来的学者将会指出这一点。韦布在他的名著《大平原》（*The Great Plains*）一书中给出的例子，似乎证明了历史学（history）和历史编撰学（historiography）之间的相似之处。

在韦布的工作中，这两门相关学科的性质一直困扰着他——

直到他生命的最后时刻,当他写下自己的一些心得体会时,这种困扰愈发强烈。从最广泛的意义上说,这两门学科的定位当然是哲学,它们都涉及人类的行为特征以及某一文化中的力量走向。就这些观点本身而言,不仅专业的历史学家会关心它们,就连普通老百姓,即使不读历史著作,也一样会关心它们。这些观点暗示了原因问题——事情为什么会发生,接下来必然是:从长远看,想法真的重要吗?因为从短期看,想法造成的危险既是迫在眉睫的(不然也不会有人攻击它或者压制它),又是毫无用处的(不然也不会有人轻蔑地把它称为"不过是个想法而已")。

韦布告诉我们,有一天晚上,当他还在用传统方法写着得克萨斯州游骑兵的历史时,他产生了一个奇妙的想法:有两件新事物使得这片他称之为"大平原"的半干旱地区得以发展,一个是柯尔特左轮手枪,一个是带刺的铁丝网。人们原本生活在森林覆盖的东部地区,在那里,依靠长枪、栅栏,徒步就可以弄到足够的生活物资。当这些人穿越森林地区来到大平原后发现,在广袤、贫瘠的土地上需要以马代步,还需要拥有自我防御的装备,以及不用下马就能畜牧。于是,一些工具应运而生:能装六发子弹的左轮手枪、套索,以及带刺的铁丝网(用于划定边界和饲养纯种家畜)。

---

1 沃尔特·普雷斯科特·韦布(Walter Prescott Webb,1888—1963),美国历史学家,以其在美国西部的开创性工作而闻名。

带着这个想法，韦布花了一年的时间进行研究，一方面要证明这些想法符合事实，一方面想看看还发生了什么别的事。他想看看那些跟随斯蒂芬·奥斯汀[1]的殖民者——用韦布的话说——"跨过环境的边界"，从东部来到没有树木、总是缺水的平原上时，他们的生活发生了什么变化。

韦布关于历史写作的第一观念就是，历史写作必须源于这类原创性的想法。他庆幸自己没有在芝加哥大学拿到博士学位，也从未上过西方史的课程，这样就避免了对自己研究的地区"鹦鹉学舌般重复别人的教条"。他说，他写的历史，"是基于本人在得克萨斯州的所见所闻"，而不是基于某个学术中心的资料闭门造车。

在这个意义上，他无疑秉承了一个伟大的传统。从希罗多德[2]、修昔底德[3]到麦考利·特里维廉、弗朗西斯·帕克曼[4]和阿拉伯的劳伦斯[5]，引人注目的历史记载都来自与这片土地以及土地上的苍生息息相关的人。韦布确信，他在四岁的时候，当听到印第安人掠夺和杀戮的故事，并且观察到——虽然是无意识地——气候和人们的生活方式时，他就已经开始做准备了。

韦布认为，他这种有意识的研究历史的方法，是得克萨斯大学一位特立独行的加拿大籍教授林德利·米勒·基斯比（Lindley Miller Keasbey）教给他的。基斯比是韦布唯一尊重的导师，他后来被得克萨斯大学解雇，这让韦布越发坚定了信念，终其一生鄙视学术机构的研究方法和目的。基斯比认为，理解社会要从环境开始——以环境为基础,在上面层层搭建文明的各种要素和活动,一直到作为文明最丰富表现形式的文学。韦布在研修班学生的帮助下最终完成了这本书,他对学生的协助表示感谢;但当同事们希望他以此申请博士学位时,他认为自己的工作实在太出色了,不适合作为现成的博士论文提交。

从这一最初的重要成就开始,韦布形成了一种理论,将历史看作是气候和环境的产物。他在《分则两利》(*Divided We Stand*)这本书中用这个理论解释美国的状况;后来又在《广袤边地》(*The Great Frontier*)这本书中用这个理论解释世界的

---

1 斯蒂芬·奥斯汀(Stephen Austin,1793—1836),美国殖民者和拓荒者,得克萨斯之父。他最早开发了曾是墨西哥一部分的美国殖民地得克萨斯。

2 希罗多德(Herodotus,约前480—前425),古希腊作家、历史学家,他把旅行中的所闻所见,以及第一波斯帝国的历史记录下来,著成《历史》一书,成为西方文学史上第一部完整流传下来的散文作品,希罗多德也因此被尊称为"历史之父"。

3 修昔底德(Thucydides,约前460—前400年),雅典人,古希腊历史学家、文学家和雅典十将军之一,以著有《伯罗奔尼撒战争史》而在西方史学史上占有重要地位。

4 弗朗西斯·帕克曼(Francis Parkman,1823—1893),美国历史学家。1846年沿俄勒冈小道考察。

5 托马斯·爱德华·劳伦斯(Thomas Edward Lawrence,1888—1935),是一位英国军官,因在1916年至1918年的阿拉伯起义中作为英国联络官的角色而出名,写有自传体记录《智慧的七柱》。

状况。凭借一己之力，韦布明确否定了某些历史学家所谓的历史研究属于"科学"的说法。相反，他说，历史研究是试探性的、不完整的、不科学的。诚然，历史学家应该冷静客观，但他更需要那种"原创性的想法"，以便将他揭示出的"力量、原因以及结果"联系起来。而且，为了"给过去赋予意义"，他"要寻求一种引人注目的模式"。这些句子是他的核心观点，他在其他场合也重复道："我努力在书中构建一种前后协调的模式。我早就知道存在这种模式。"

他一会儿说"寻求模式"，一会儿又说"早就知道存在这种模式"，二者之间显然不一致。但我并不想纠结这种矛盾，我要说的重点是把环境基础与某种模式结合起来的做法。他在其他场合称这种模式是"美国西部不可抗拒的一致性"。"不可抗拒"，意味着因果关系，而在不同现象中寻找单一原因正是模仿自然科学所要达到的目的。当韦布称他的奇妙想法是理解美国西部的"关键"，当他期待历史能在过去中找到对它的意义的一种解释时，他实际上就已经承认了这一事实。

这也表明，对于韦布来讲，历史的原动力是物质——土壤和气候。正如我们看到的那样，他认为是基斯比最先提出这一假设，后来发现基斯比翻译过意大利学院派经济学家阿希尔·洛里亚[1]的著作。洛里亚在1895年写过一篇准马克思主义的文章，采用土地以及土地和人口的关系作为工具，分析资本主义制度。弗雷德里克·杰克逊·特纳[2]在他那篇关于边地对美国历史影响的著名文章中也引用过洛里亚的话。韦布在写《大平原》时并没有读过特纳的文章。令人惊讶的是,特纳和韦布似乎都不知道,孟德斯鸠[3]早在1748年的畅销书《论法的精神》(*The Spirit of Laws*)第15—18卷中,就有过关于土地和气候详尽的论述。

但是,在孟德斯鸠的论著中,地理是历史发展的一个条件,而不是单一原因。让我再重复一遍,对单一原因的假设是一种自然科学的思想,具体而言,是一种物理学的原则。在19世纪,这一观点在科学领域之外的其他领域颇受青睐。正因为如此,卡尔·马克思以及许多其他社会理论家都试图寻找单一原因,并且都相信自己已经找到了。也正因为如此,达尔文因为发现了进化的单一原因而享誉世界——虽然他自己承认还有一些其他原因,但人们仍然认为他发现了单一原因。另外,要补充一点,韦布自

---

1 阿希尔·洛里亚(Achille Loria,1857—1943),意大利政治经济学家。洛里亚也被视为社会法律研究的先驱,他同时也是马克思思想的最早批评者之一,因此恩格斯嘲笑了他的观点。

2 弗雷德里克·杰克逊·特纳(Frederick Jackson Turner,1861—1932),19世纪末20世纪初美国历史学家。1893年在芝加哥美国历史协会年会上他宣读《边地在美国历史上的重要性》一文,奠定其在美国史学界的地位,该理论被称为"边地理论"。该学说对美国的史学研究产生重大影响,并由此形成一个颇具影响,并在美国史学界占据统治地位40年之久的"边地学派"。

3 孟德斯鸠(Montesquieu,1689—1755),法国启蒙思想家、法学家。孟德斯鸠不仅是18世纪法国启蒙时代的著名思想家,也是近代欧洲国家比较早的系统研究古代东方社会与法律文化的学者之一。《论法的精神》是他的政治哲学著作,首次出版于1748年。

己也说,他希望能跻身其列的经典理论发现者之中,达尔文算一个。

这种对单一原因的追求与人们看待历史的观念有关。人们认为,历史是碾压一切的过程,不以任何人的意志为转移。在19世纪后三分之一的时间里,民主制度取得了胜利,这无疑进一步推动了这一观念的流行。当大批默默无闻的普通人从欧洲移民到美国,从美国东部迁居到美国西部时,这一观念似乎不证自明;同样是这些人,在地理、区域、社会或经济领域,激烈辩论、投票表达诉求,推动国家向这个或那个方向发展时,这一观念似乎更加无可置疑。看到这样的景象,历史学家放弃了早期的"英雄史观"——英雄史观的意思,就如同爱默生在他讨论自立的一篇文章中的那句格言总结的那样:"全部历史都可以易如反掌地分解到几个强有力的赤诚人物的传记之中。"

这两个偏见——一个是凡事必有单一原因,一个是大众创造了历史——相辅相成,不可避免地导致人们热衷于在某些客观事实中寻找单一原因。这样,历史事件就可以从一个更宽阔的层面上来理解了:不是作为个人有意识的行动,而是作为所有人面对共同环境时做出的反应来理解。因此,如果单一原因这个原则是对的,那么将它扩展到更广阔的领域,就可以解释整个文明的发展了。所有看似不相干的特征,都有可能是单一原因的结果。而且,既然这个原因持续起作用,那么就可以用它来预测这个文明的未来了。韦布在他的第二部巨著《广袤边地》中就进行了这样的研究和预测。

在他逐渐形成自己的观点并着手做一些准备工作的时候，学术界关于历史写作的辩论正在进行，但这似乎并没有影响到他。不过，那时的讨论一直悬而未决。人们普遍对早期的历史写作形式和方法不满，提出了新的目标。德国的兰普雷希特[1]（他还来过圣路易斯，作为代表参加了路易斯安那州购买条约签订一百周年的纪念活动）鼓吹要将历史和心理学、社会科学融合在一起。其他人，比如马克斯·韦伯[2]，希望找到一个时期或者运动中不变的历史常量。为此，韦伯从阐述资本主义源自新教精神起，开始了他漫长的搜寻旅程。在他细致的工作中，加尔文主义的伦理观最初只是七个条件中的一个，但后来却失了真，另外六个条件不见了——这就是寻找单一原因时的典型冲动。在维尔纳·桑巴特[3]的著作中，资本主义的起源更是变成了对单一社会类型的认定。

---

1 卡尔·兰普雷希特（Karl Lamprecht，1856—1916），德国历史学家，曾任德国莱比锡大学历史学教授。他针对兰克史学以研读档案资料为主要研究方法的"事件历史"的研究，提出了文化史的概念，并开创结构史学的方法论。

2 马克斯·韦伯（Max Weber，1864—1920），德国著名社会学家、政治学家、经济学家、哲学家，是现代一位最具生命力和影响力的思想家，对于当时德国的政界影响极大，是公认的古典社会学理论和公共行政学最重要的创始人之一，被后世称为"组织理论之父"。

3 维尔纳·桑巴特（Werner Sombart，1863—1941），德国社会学家、思想家、经济学家。

与此同时，在法国，一场类似的争论持续了大约25年之久，最终在1929年创立了一本名为《经济与社会史年鉴》（*Annales d'llistoire Economique et Sociale*）的期刊，并有一套丛书出版，名为《人性的演化》（*The Evolution of Humanity*）。那场争论的话题是，历史应不应该关注个人和事件，还是仅仅关注物质条件和普遍的心理状态就够了？最终这两点无疑是要关注自然的原因和大众的情感。在长达半个世纪的时间里，对于全世界讲各种语言的大多数历史研究者而言，这群法国历史学家一直是他们学习的榜样和灵感的源泉。对英国人来说，他们唯阿克顿勋爵[1]马首是瞻；他在1895年说："要研究问题，而不是历史时期。"唯一可以与他们抗衡的只有所谓的心理历史学家，他们试图用自己的科学方法进行研究，试图在心理状态以及物质条件之下进行挖掘，在潜意识中寻找单一原因。

在法国历史学家及其追随者的工作中，个人被逐出了历史。一位学者会写"从1789年到1848年的群众"；另一位会写"价格和收入的历史"。兰普雷希特的愿望得以实现：（19世纪）90年代崭新的社会科学吞噬了历史研究。但是，在创造"新历史"的过程中，另一个因素通常被忽视了，我指的是无聊和疲惫。从司各特和兰克[2]的时代开始，公众一直在贪婪地从历史中汲取营养。到了1900年，年轻人已经厌倦了历史的内容——战争、政治、外交、宗教分裂、革命，以及左右了重大事件的伟大人物。历史研究从这些陈年旧事中发现了越来越多的细节，是时候看看别的了。伟大的历史学家总是关注人们的生活方式和思想状态，但次一等的历史学家总让人感到枯燥和乏味。

新风格的历史研究著作并非没有缺点。它研究的主题相对狭窄，只是从历史辉煌的景象中摘取一些片段，所提供的证据虽然数量庞大，但质量不高。得出的结论或许很新鲜、令人惊讶，但几句话就能说完。其余的部分其实都是参考资料，而不是供人阅读的文章。

当韦布为《德州郡县史》（*Texas County Histories*）这套丛书（整套丛书包括不同作者撰写的814本书以及文章）作序时，他说："这些历史学家们能够综合、汇总起得克萨斯州的故事，并以同样的精确和忠实态度讲述出来；正是这样的综合性历史学家，才能写出得克萨斯州期待的著作。"这句话的重点在于，他说的是得克萨斯州的"故事"。故事都有开头、中间和结尾。故事里的人物也有名有姓，他们的行为动机清楚，目标合理。在实现目标的过程中，会发生各种事件：冲突、灾难、胜利、挫折、

1　约翰·爱默里克·爱德华·达尔伯格-阿克顿（John Emerich Edward Dalberg-Acton，1834—1902），英国剑桥大学历史系教授，历史学家、理论政治家。19世纪英国知识界和政治生活中最有影响的人物之一。著名的自由主义大师，自由主义名言"权力使人腐败，绝对的权力绝对使人腐败"。

2　利奥波德·冯·兰克（Leopold von Ranke，1795—1886），日耳曼族，著名历史学者。

失败、创造、欣喜、死亡以及重生。寻遍现代的历史研究,人们不知道谁是——或者说在哪儿能找到——韦布所说的"综合性历史学家",能够综合这些杂乱无章、支离破碎的材料,写出任何故事。而且,就算有这样的人,如果不顾主流的历史观去编出一个故事,有多大的可能引起人们的重视呢?在一家大学出版社的现有图书目录里,在"历史类"图书中,只有一本书的书名暗示它在讲故事。这本书叫《美国的政治和外交史》(*A Political and Diplomatic History of the United States*),是一位日本人写的,由东京大学出版社出版,美国出版商只是负责发行而已。

今天,对于研究历史的学者来说,要写出一篇叙事技巧娴熟、人物生动、风格明快,同时细节又站得住脚的作品,是一项艰巨的任务。写一部历史书似乎比写一部伟大的小说还难。这时,投机取巧的诱惑就来了。这位历史学家的研究已经积累了许多事实,他的同行们已经出版了许多专著——对"物质环境的研究",对社会以及心理的研究——其中包括对某些历史片断有价值的分析。这些发现当然可以纳入真正的历史研究中来。但是,面对浩如烟海的材料,这位作者可能已经被吓倒了。事实上,以这些材料为基础设想出一个引人注目的描述模式,这种要求真让他惊慌失措。要是有一个统一的原则就好了——这种想法深深地吸引着他、诱惑着他。

韦布确信,在吸收并反思了大量事实之后,有天赋的历史学家会灵机一动,产生出"原创性的想法",将所有这些事实综合起来。原创性的想法必须经过检验，但不需要面面俱到，拿出每一件事实去检验它。他指出，尽管新的事实不断出现，但伟大的历史著作一直会有读者。重要的是那些原创性的想法构建起来的框架，这就像主题在艺术中起的作用一样。

叙述历史时常做这种预设：男男女女们按照动机行动，并形成历史事件。但是，即使是在现实中，我们也不再相信这些动机的重要性。我们认为他们是受到其他力量的推动，而这些力量他们并没有意识到：受到经济决定论、辩证决定论和物质决定论的推动；受到所谓的"他们的社会"的推动；受到个人或者集体无意识的推动；或者，正如韦布认为的那样，受到环境的推动。这些理论都在历史的背后寻找推动力，并明确无误地指向了单一原因。因为，无论叙事者如何含糊其词，承认次要的或者辅助的原因，他所谓的首要原因或者基本原则，才是真正驱动大众并且控制事态发展的原因。

这个说法看起来相当合理：在一个政治民主和大众文化的时代，一个全球贸易和连锁经营的时代，人们怎么能够相信是某个大人物和他的意志主导了历史呢？尽管，就在前不久，人们确实见过一些这样的人：斯大林（Stalin）、墨索里尼（Mussolini）、希特勒（Hitler）、甘地（Gandhi）、丘吉尔（Churchill）、戴高乐（De Gaulle）……（大人物不见得就是好人。）对这个问题的回答就是：不用相信这些人；让我们把他们放在一边，忘记"大人物"的标签。问题不在于至高无上的权力，甚至与权力没什么关系,而在于行动。当韦布用柯尔特左轮手枪作为美国西部文化的部分解释时,他实际上是把这一角色赋予了一件物品。然而,如果没有塞缪尔·柯尔特[1],这件物品也不会存在。这项发明的成功绝非偶然。塞缪尔·柯尔特从小就喜欢枪支和弹药。他的早期设计和生意都失败了,几乎就要放弃不干,但还是坚持了下来。美墨战争[2]的爆发帮了他的忙,风云际会,创造出了韦布说的"气候和环境"这两个条件中的一个。没有什么是不可避免的,没有什么是命中注定的。在造出这把武器之前,柯尔特和他的支持者们投入了无数的智慧、意志以及个人利益,这完全和得克萨斯州的地理环境无关。所以,这件物品成为美国西部环境中的一部分,完全是人为的结果。左轮手枪不像仙人掌,并不长在沙漠里;带刺的铁丝网和风车也一样。

如果有人争辩说,是环境造就了这些人,这些人又制造了这些设备,那这种说法的普遍性就太宽泛了,解释不了任何问题。可以肯定的是,美国东部的环境和文化对塞缪尔·柯尔特产生了影响,但这种环境和文化在他很早之前就存在了,而且并没有产生任何可以在美国西部使用的枪支。13个世纪之前,另一个沙漠——阿拉伯沙漠"造就"了穆罕默德(Mohammed)。他的出现并没有明显的必然性,而他造成的影响,到我们这个时代已经是不可估量了。某些人存在或不存在,带来的结果完全不一样——圣女贞德[3]通过她的行动让一位国王登上王位,帮助统一了国家。假设死在黑斯廷斯(Hastings)的是"征服者威廉"[4]

而不是他的马，诺曼人也就没有了强大的领袖。现在，如果你愿意，让我们把英国未来所有的历史都抛开，什么议会、习惯法都抛开，只考虑英语这种语言。很难想象，如果没有诺曼人的征服，英语会变成今天这个样子；土壤和气候可不会促成语言。尽管并非全部，但个人的确会对历史产生影响。机遇和他人的意志为个人的力量设定了边界，这种边界反过来又可能因特定的场景发生改变。真正的历史，讲述的正是这些因素之间不断互动的故事。

能够识别出这种互动、并把它们生动地表达出来，并不容易；当这种努力成功时，人们希望得到额外的奖励：他们还要解释这种互动。韦布关于"大平原"的解释满足了这一愿望。他又更进一步，试图寻找一把通用的"钥匙"，能解释自 1500 年以来整

---

1 塞缪尔·柯尔特（Samuel Colt，1814—1862），左轮手枪的发明者。

2 美墨战争（the Mexican War），是美国与墨西哥在 1846 年至 1848 年爆发的一场关于领土控制权的战争。美国通过这场战争，夺取了墨西哥 230 万平方公里的土地，一跃成为地跨大西洋和太平洋的大国，从此获得在美洲的主宰地位。

3 圣女贞德（Joan of Arc，1412—1431），绰号"奥尔良的少女"，法国民族英雄，天主教圣人。在英法百年战争（1337—1453）中，她带领法国军队对抗英军的入侵，最后被捕并被处决。

4 威廉一世（William I，约 1028—1087），诺曼王朝的首位英格兰国王。1035 年继承法国诺曼底公爵之位。1066 年威廉一世的表亲英王忏悔者爱德华死后无嗣，他在黑斯廷斯与英国国王哈罗德二世决战（黑斯廷斯战役），获胜后自封为王，称威廉一世，号称"征服者威廉"。

个西方文明的进程。于是，韦布在他所谓的"广袤边地"中找到了它。在他的笔下，"广袤边地"指的是西半球及其丰富的物质资源。只要这些资源一直充足，美国以及欧洲的西方文明就会繁荣、兴盛；各种创新，包括文化创新，就会层出不穷。但是到了1900年，边地逐渐关闭，不久这扇门会永远关闭；目力所及之处，将见不到尚待开拓的边地了。

要接受韦布提出的这个假设，实在是困难重重，在此难以一一列举。韦布研究历史的方法是从物质基础到精美艺术，一层一层地搭建历史模型。而《广袤边地》的问题是，在这本书里，他仍使用这套方法；但他对欧洲本身的风格和特点，对它的历史和领袖人物的复杂性缺乏充分的认识。在处理底层的经济和顶层的文学中，他明显缺乏真切的感受。韦布脱离了他熟悉的环境，就失去了优势。他只是在自己擅长的范围里如鱼得水，对美国西部的方方面面洞若观火。对他来说，美国西部这个地方太理想了，这里"没有工业，没有专门机构，没有战场，没有政治家——只有地方政治，那是复杂度最低的政治"。

尽管如此，《广袤边地》作为对历史的讨论仍然是适宜的，因为它是典型的、为构建历史哲学而不断努力的例子。韦布说，在解释历史的同时必须提供历史的意义。在这一信念的指引下，已经产生了许多名著，其中不乏从圣奥古斯丁[1]到黑格尔（Hegel），从斯宾格勒[2]到汤因比这些名家；顺便说一点，对于汤因比的《历史研究》（*Study of History*），韦布似乎是赞同的。尽管在一些地方，历史哲学也会讲一些历史事件来证实自己的观点；但是，历史哲学并不是历史。换句话说，寻找历史的意义也就是在寻找单一原因。它们是一个思想的两个侧面，而这个思想在本质上是反历史的。

一条哲理或是意义，它从定义上讲是一种不允许有例外的原则。它就像一个模板，覆盖在事件的地图上：只有从孔洞中露出来的东西才有意义。不幸的是，模板覆盖住的东西，经常比哲学家用来寻找他的原则或意义的东西更重要。这是不是意味着，历史根本没有意义？如果真是这样，那么梳理了各种杂乱事实的"原创性想法"又是怎么回事呢？其实，一种想法与具体的意义并不是一回事。把一些事实综合起来的"原创性想法"可能对某一部分——比如在某个地理范围内或者某个时间跨度内的——历史非常有用。所以，没有必要强行把其他大量的事实也塞进这个想法中去解释，更没有必要塞不进去就贬低、废止这些素材。一个想法不必放之四海皆准；从实用主义的技术角度来说，它可以提供

---

1 圣奥古斯丁（St. Augustine，354—430），又名希波的奥古斯丁（Augustine of Hippo），基督教早期神学家，教会博士，新柏拉图主义哲学家。其思想影响了西方基督教教会和西方哲学的发展，并间接影响了整个西方基督教会。

2 奥斯瓦尔德·斯宾格勒（Oswald Spengler，1880—1936），著名哲学家、文学家，主要著作包括《西方的没落》《普鲁士的精神与社会主义》等。

一种非常具有提示性的、实用性的解释。它就是一种看待问题的视角，一种方便的模式，一种站得住脚的解释，而不是一个体系或者一套模板。

认清这种差别，不仅解放了历史学家，同时也解放了读者。历史学家不需要在现成的条条框框里填充史实，而读者也可以尽情欣赏他读到的东西，不必担心读到的证据被草率地处理。吉本[1]可以信誓旦旦地说，罗马帝国的衰落是由于基督教，特奥多尔·蒙森[2]也可以指出刺杀恺撒对罗马帝国的传承造成了多大的灾难。没有人强迫你必须相信哪种说法。

至于历史的"意义"，肯定是空洞的、抽象的。汤因比的观点可以用一句话来概括：世界上有21种文明，它们要经受住"挑战与应战"的考验，才能生存下来。为什么非要读完他的全部六卷本大部头才能知道这一点呢？其实，在25年前，当"汤因比热"袭来之时，买他这套书的人很多，但读的人很少。只要不是历史学家，读完两卷缩略本的人都屈指可数。同样，人们对斯宾格勒的理解也仅局限在他的书名上——《西方的没落》(*The Decline of the West*)[3]，也许还可以再加上他对"浮士德式的人"的定义，而这一点任何人只要读一篇关于本书的中肯书评就可以了解到。韦布在《大平原》中提出的解释甚至轻而易举就能简化成一个公式，但幸运的是，他那充满魅力的描述能力以及对这片地区和人民的热爱，让这本书的意义超越了一般的学术论文。

这些抽象的解释中，每隔一段时间就会冒出一个来获得公众广泛的关注；要么是因为它语出惊人，要么是因为专业人士对它褒贬不一。但是，除此之外，我们这些受过 20 世纪现代教育的人与历史还有什么更密切的接触呢？有时，一个主题、该主题所依赖的大量研究以及其中的一些原创性的特色会吸引人们的注意，从而关注某一本被归类为"历史"的书。正如本书前面提到的那样，费尔南·布罗代尔对地中海地区大量、深入的研究得到了广泛的赞誉。他对这片辽阔地域长期的经济以及社会史实进行量化，满足了年鉴学派的规范，并呈现出某种模式。但是这些东西仅仅给我们留下了数据华丽的印象；而传统的文学作品已经传达给我们这种信息了——甚至更多。正如一位评论家指出的那样：

---

1 爱德华·吉本（Edward Gibbon，1737—1794），近代英国杰出的历史学家，影响深远的史学名著《罗马帝国衰亡史》一书的作者，18 世纪欧洲启蒙时代史学的卓越代表。

2 特奥多尔·蒙森（Theodor Mommsen，1817—1903），德国古典学者、法学家、历史学家、记者、政治家、考古学家、作家，1902 年诺贝尔文学奖获得者。他关于罗马历史的作品对当代的研究仍十分重要，对罗马法和债法的研究对德国民法典有着重大的影响。

3 《西方的没落》是德国历史哲学家斯宾格勒的两卷本著作，书中认为现代西方人是"浮士德式的人"。

单一原因谬误

布罗代尔著作中充斥着大量的错误以及曲解。这与其说是偶然的，不如说是他研究历史的方法固有的问题。其原因就是，在他确定自己的中期和长期模式以及周期时，完全不考虑历史事件和管理政策，不考虑政治因素和军事实力。在布罗代尔这里，我们看到的是他系统性地漠视政治家的行动以及联盟、条约和封锁造成的影响。时不时地，他也会被自己的研究方法中致命的矛盾弄得手忙脚乱。

这种研究方法从不考虑人——实际上，是反对考虑人；我们在此可以略见一斑。它宣称研究的是民众以及他们的心理状态，但在它的论述中，没有个人、企业、士兵、政治家以及外交家各自不同的命运变迁。之所以这么做，是因为它假定在事物的表面之下，有一台巨大的机器在活动；历史在自动运行。

如果有人问我，今天在哪里可以看到真正的历史？我会回答说，在政治家和军事指挥官的自传中可以看到真正的历史。这些自传肯定避免不了叙事，避免不了描绘很多人物之间令人困惑的互动，以及各种意外事件在其中起到的作用。这样的书有迪安·艾奇逊[1]的回忆录《创世亲历记》（*Present at the Creation*）或者哈罗德·麦克米伦[2]的《战争日记》（*War Diaries*）；这些都是我所说的自传中的一流典范。

总而言之，历史研究的价值不在于用公式解释历史，不在于"揭示"某一种或某二十一种文明都必须遵守的强有力的原则。历史研究的价值就在于历史景观本身。一连串的历史事件不需要很长的时间跨度——麦考利·特里维廉的《英格兰史》只是详细讲述了12年间发生的事——但它必须是具体而丰富的，必须体现诸多个体的行动和目标。这些行动、目标总是纠缠在一起；而它们的意义或者"教训"不过是：对于其他人来讲，这些争夺和混乱是可以理解的。

面对不同的历史时期，对这种"事情何去何从"的感悟会产生不同的想法；比如在古罗马、在19世纪的中国，或者20世纪20年代的美国，这些感悟产生的想法都会不同。因此，这些不同的背景环境，不管是物质环境还是其他环境，在某一历史研究中必须前后一致。而且，同样重要的是，历史学家选择的研究课题必须能够用某种模式以及年表的形式来处理。各个国家的政治生活一直是历史研究的主要题材，其原因正在于此，因为这里明确存在着历史事件的链条。我们也可以研究某一方面的事——比

---

1 迪安·艾奇逊（Dean Acheson, 1893—1971），美国在"二战"后国际关系的奠基者。他克服了国务院中的孤立主义传统，协助杜鲁门总统建立了北大西洋公约组织，组织了对日旧金山和约。在朝鲜实现了第一次集体安全行动。

2 哈罗德·麦克米伦（Harold Macmillan, 1894—1986），英国政治家、首相、保守党成员、教育家、作家。

如外交或者经济——或者研究单一活动,只要这种活动是连续发生的就可以,比如:棒球史或者美术史。但是,缺乏空间和时间连续性的主题,比如"美国爱尔兰人的历史"或者"亚洲的历史",并不适合撰写成历史著作;前者缺乏连续性,后者缺乏统一性。基于同样的原则,我们可以撰写女权主义的历史,但无法撰写"女性的历史"。已故的菲利浦·阿利埃斯[1]在写《儿童的世纪》(Centuries of Childhood)一书时,提供了很多有趣的细节和插曲,讲述了人们对儿童态度的转变。但他并没有尝试去写"儿童的历史",这是不可能完成的任务;同理,他也不可能写得出红头发人的历史。请允许我再重复一遍,以便再次明确这个基本真理:我们可以就任意两个日期之间马林县(Marin County)的天气写一本历史著作,但不可能写一本关于雷暴的历史。我们可以写一本关于进步观念的历史——实际上已经问世了,但不可能写得出一本关于人类愚蠢之举的历史——尽管这方面的原始材料多得不计其数。

所有适合历史研究并被当作历史看待的主题,都隐含着对单一原因的否定,同时也都是注入文明之躯的一剂强心针。在阅读历史时,人们会认识自己,会见到万众瞩目的陌生人;除此之外,如果大众能够在阅读历史中获得普遍的快乐,就会赋予他们一种力量。韦布敏锐地察觉到这一点,并试图传达给他的学生和读者们。在为那套《德州郡县史》写的序言里,他的这段话非常感人:"书籍在社区中积累,知识在社区中传播,人们开始觉得,他们拥有了自己的文化，拥有了自己的文明，不再是为某次暑期旅行临时借来或拿来的东西了……只有当我们超越了书本的描述和描述者，理解了书本中所描述的事物时，我们才能得到真正的教育，才能拥有可以自我延续的文化。"

他的意思是，通过了解历史，我们看到的、接触到的一切事物都有了另外的意义——不是单一的包罗万象的意义，而是众多的、关联在一起的，就像物体或者场景本身一样真实的意义。生命变得更充实、更丰富、更有意义，因为别人——虽不是我们自己，但和我们血肉相连——已经走过我们正在走的路。

---

1 菲利浦·阿利埃斯（Philippe Ariès，1914—1984），法国中世纪史、社会史名家，以对儿童史、家庭史和死亡观念史的研究享誉世界。

为败坏语言颁发许可证

在写作和文学教学中，讲授修辞（rhetoric）用法这一传统历史悠久，一直延续到 20 世纪。在过去，文学批评常常被纳入修辞学的一部分，二者在一起成为学术领域颇具影响力的一个分支。后来，这门学科在苦难的岁月里衰落了：修辞似乎被看成一堆花里胡哨的技巧，学会之后只要照猫画虎就行了。英语里有一句短语"mere rhetoric"（不过是花言巧语），意思是文字的背后没有实质内容；应用到文学作品中，指的是言辞背后没有真情实感。

今天，修辞学卷土重来，但对象却发生了变化。"rhetor"这个古老词语的本意是"我说"，然而现代修辞学家感兴趣的并不是说话的人，而是听众或读者。如今，人们将修辞学用在了分析和解释上——不光针对文本,还试图探究我们的所有信念。一位忠实的拥趸这样说:"新修辞学不是文学的一部分,它关注的是所有领域中各种非形式推理的有效运用。"事实上,据说新修辞学对哲学、心理学和伦理学都产生了革命性的影响。你不用太费功夫,就能找到各种题目为《×××的修辞》的书籍和文章,而这里面的"×××"往往和语言一点瓜葛都没有。既然当今社会最热衷于研究受众的反应,热衷于引起震惊的效果,我们大概很快就会看到名为《风湿病的修辞》的著作,而不要指望看到以前那种一本正经叫作《语法和修辞》(*Grammar and Rhetoric*),讲解各种说明文、记叙文、议论文和细节描述原则的修辞学教科书了。

在这种情况下,无论我们从这种"新修辞学"中得到什么益处,恐怕都不会对我们的写作教学有所帮助。这种情况造成了棘手的问题,严重影响了商业、政府、出版行业,乃至整个社会。人们随处都能听到关于读写能力下滑的抱怨。这里说的能力有两个意思:一是基本的读写能力,二是高级的流畅写作和理解文本的能力。到目前为止,尚无任何理论、任何分析、任何体系能让这种情况有所缓解。

这一令人沮丧的现象已经出现了50年,甚至更久。人们罗列了造成这一现象的诸多原因,但我认为,其中一个重要原因被大家忽略了:人们对于研究、使用语言和修辞存在诸多公认的观念;然而,一旦把这些观念付诸行动,就出现了问题。

在这些观念中，首当其冲的就是：科学主导一切。在一本广为流传的小册子《修辞学批评》（*Rhetorical Criticism*）中，作者一开始就告诉我们："一切智力活动都渴望达到物理学的水平。"而且，他还在书中指责老一辈的修辞学家太幼稚，缺少最近才发现的严谨方法。诚然，作者注意到了自然科学家和文字工作者之间的某些差异，但是，这些差异是在科学方法已经成为不可或缺的工具之后才出现的。近一个世纪以来，科学主导一切的观念在语言研究和教学中大行其道，以至于如今，人们已经把专家的理论都看成是确定的事实，而不是合理的观点了。

这些教条在人们的头脑中生根发芽的过程，在文化历史上形成了一段颇具启发性的插曲。在 18 世纪与 19 世纪之交，语言学家通过对欧洲语言的比较研究，发现了语系之间的关系、词源链，以及声音变化的规律。雅各布·格林[1]关于辅音变化的发现被认为可以与物理学领域的发现相媲美，被称为"格林定律"。当时的语言学家（linguist）——那时被叫作语言学者（philologist）——认为自己的工作属于自然科学，也就是说，他们的工作是系统化的，不是空想出来的。在除英语之外的所有欧洲语言中，"scientific work"（科学研究）这个短语到现在仍然表示其原本的意思。毕竟，"science"（科学）一词的原始定义就是知识。但到了 1865 年，移居英国的德国学者马克斯·缪勒[2]在牛津大学开设了一门课程，名为"语言科学"。自此，"science"这个关键词的意思就发生了变化。得益于达尔文主义引发的狂热,科学和科学家变成了全社会崇拜的对象。早先的称呼,比如"博物学家"(naturalist)以及"自然哲学家"(natural philosopher)已经不再使用。人们普遍认为,除了自然科学的发现之外,其他任何发现都是不真实、不可靠的。"scientific"(科学的)这个形容词变成了一种价值判断、一种自豪感的来源。

这是这场文化大戏的第一幕。第二幕的内容也能预测,那就是:每一个学术研究领域都争着给自己贴上标签,声称自己是"科学的"。历史学家、社会学家、心理学家、人类学家、教育家、语法学家,甚至连修路工人和机械师都不例外,全都要说自己是"科学的",以显示自己的方法严谨、结论可靠。

在和语言相关的学科中,发生在19世纪末的一场重要的社会革命进一步强化了科学至上主义——新的免费公立学校在全国范围内普及。其结果就是,看书读报的公众大量增加,市面上出现了廉价报纸和其他形式的大众文学。这反过来又引起了人们对大众语言——而不是高雅的文学修辞——的关注。

此外,与这种转变不谋而合的是用新科学取代旧学科的做法。新科学课程广受吹捧,被说成是现代的、具体的、生动的、实用的。

---

1 雅各布·格林(Jacob Grimm,1785—1863),德国法学家、哲学家与作家,曾与弟弟威廉·格林一起搜集并编纂《格林童话》,并因此为人所熟知。

2 弗里德里希·马克斯·缪勒(Friedrich Max Müller,1823—1900),德裔英国东方学家、宗教学家,精通印度宗教与哲学。

传统学科和相关的文学资源被叫作不实用的老古董。旧的语法学遭到抨击，人们说它学究气十足；而且，因为它遵循了拉丁语法的体系和术语，所以很不科学。英国学者亨利·斯威特[1]是爱尔兰剧作家萧伯纳的著作《卖花女》[2]一书中希金斯教授的原型。他于1891年出版了一本《新英语语法》（*New English Grammar*），号称是第一本科学的语法著作。他强调，语法应该描述英语的使用方法，而不是规定任何形式或者用法。自此以后，语言中可能会有规律，但并不存在什么规则。早期语言学家的努力——比如格林定律、维尔纳定律（Verner's law），以及其他类似的发现——均被取而代之，转而对口语开展直接、即时的观察。于是，法国、德国、美国、斯堪的纳维亚以及其他地方的学者开始旅行——在国内走来走去——观察和描述语言的使用。他们的决心以及这种无休止的田野考察感觉就像是一种解放，似乎这些新科学家终于只需要把握现实，不需要继承传统了。

真正的科学家——自然科学家——不该受到指责。很久以前，他们就放弃了自己工作风格中特有的自负和咄咄逼人的霸气，终于在社会上占得一席之地。有了这种基础之后，他们如今在开展工作时的态度十分虔诚而得体。然而，正是他们的成功引来了他人的嫉妒，导致我所说的这种自然科学带来的文化压力愈演愈烈。

与此同时，公众掌握了这套关于新科学语法的信条。其中关于语言的第一个原则就是：语言是自然的一部分。语言是一种有生命的东西——当然，如果一种语言死了，也就没有生命了。说语言有生命的一个标志就是，语言一直在变化；而且绝不能干预这些变化——这是一条铁律。其原因在于：一方面，语言的变化是无法阻挡的；另一方面，压制变化会阻碍或损害语言的生命。当语言学权威为大众编写普及读物的时候，他们总是蔑视、嘲笑那些试图引导或者规范语言运用的努力。他们往往否认，某种语言在它的生命过程中，有些时候比其他时候更好——更一致、更优雅、更灵活。相反，他们认为，无论在语言身上发生了什么，都不是混乱，也不是退化，而是像在动物、植物的世界里那样，是必要的进化。他们说，那是语言在不断的适应中曲折发展，在每一个阶段都是它本该呈现的状态。

在这里，语言学家扮演了两个角色。作为自称的科学家，他拒绝对语言本身做价值判断；而作为专业人士，他会说："不要插手！"他认为，如果有人插手他的学科，企图引入孰是孰非的概念，就会把那些可爱的新变化从他身边夺走。

语言学家的这两种说法，影响了那些在学校里努力传授基础知识、告诉学生们什么是好语言和好写作的人。它改变了教师课

1　亨利·斯威特（Henry Sweet，1845—1912），英国语言学家、语音学家和语法学家。

2　《卖花女》（*Pygmalion*）是爱尔兰剧作家萧伯纳的戏剧，描写了希金斯教授如何训练一名贫苦卖花女，并最终成功被上流社会所认可的故事，抨击了当时英国腐朽保守的等级意识。后来的好莱坞据此翻拍了电影《窈窕淑女》。

堂教学的行为和内容，普遍的应对法则就是放任自由：词语没有好坏之分，小孩子有权使用家里说话的方式，因为——谁知道呢——某种奇怪的发音或奇特的写作方式，说不定在将来某天就变成了普遍的表述方式。语言就是这样成长和繁荣起来的。

如果语言学真是一门自然科学，如果教学活动真的需要用科学来控制，那这些说法也许是合理的。但是，用自然科学去类比语言是错误的。语言并不是一种必然要进化的生物，有生命的只是说话的人。就像历史上反复证明过的那样，完全可以在不消灭人的情况下，消灭一种语言：只要让被征服者使用他们异族主人的语言就行。

此外，那些自称对语言的科学描述也只是一种粗略的描述。观察者记录的是词汇、某些语法形式、某些发音，但整个民族实际使用的语言是无法精确描述的。它每时每刻都在变化、分解。人们在说话时会断断续续、不考虑连贯性，会夹杂各种不相干的词汇，会发出毫无意义的感叹音，还会不理睬语法的约束……我们当中很多人时不时会这么说话，有些人甚至一直这么说话。此外，发音也千差万别——不仅人与人之间不同，而且同一个人在不同时间说话也不同。据我所知，没有哪个研究语言的人测量过讲话的语速和停顿的间隔时间，而这些因素对语义和听众接受的难易程度同样有很大的影响。要想记录一个民族真实的、不断变化的语言，其难度堪比记录民众的思潮。

实际上，我们真正做到的是用纸张或磁带做记录，然后基于这些不完整的数据记录，分析出一种模式，并尽其所能地开展研究。我们已经取得的成就引人注目，具有巨大的价值。我们对方言、语音、俚语以及语言这一奇妙创造的其他诸多方面的了解，比以往任何时候都要多得多。但是，把语言比作一个受必然性支配的、活的有机体，这种做法会滋生一种愚蠢的信念，认为新词汇之所以出现是因为有这个需要，旧词汇之所以消失是因为它们没用了，一个新词之所以普及——也就是流行——是因为它有价值、有功效；总之，一切都朝着所有可能性中最好的那个方向发展。如果某些原本适宜、微妙的语言差异被无知的误用搞得含混不清、难以区分，不必泄气——天涯何处无芳草，错过这个村还有那个店呢。

　　这样的信念不可能帮助学生和老师共同努力提高语言的表达能力。学生对自己粗心大意的错误满不在乎；老师则不敢出言批评，生怕一不小心，母语的生命就停止了心跳。没有什么错误是严重的，因为根本就没有错误这回事。有位学术泰斗用一句令人难忘的话提出了这一原则："只要说的是母语，就不会犯错。"说母语的人无论怎么表达，都是在改造属于他的、与生俱来的东西。这一观点的提出者，艾伦·沃克·里德教授[1]，既是我的同事，又是我可敬的朋友。但在我刚才引用的那句话中，他关于语言科

---

1 艾伦·沃克·里德（Allen Walker Read，1906—2002），美国词源学家和词典编辑，以对"OK"和"Fuck"这两个词的研究而闻名。

学化的信仰是错误的。

假设真有一门关于语言的自然科学，我们能从中得到什么呢？首先，这门学科的所有部分——语法、句法、词汇、发音以及其他各个方面——势必会变得越来越精确。然后，它会有明确的、统一的、受到普遍认可的术语；会有固定的单位、已知的变量，以及它们之间函数关系的度量。最后的结果会是：未卜先知。也就是说，在定义好的范围内，我们可以预料某种常见的语言现象的出现。

我们观察到的语言，没有任何可能会按照上面说的这种期望发展。研究者使用的术语各不相同、混乱不堪。各式各样的语言并不遵守统一的体系，它的"生命"，也就是它的变化，根本不会映射到体系中去。曾经有一段时间，人们用音素（phoneme）来证明社会科学也可以拥有真正的科学单位，但很快就不这么说了。音素难以捉摸，而且是区域性的、变化无常的东西，光是定义方法就有五六种之多。其中有一种声称："音素不是一个声音，而是一组相关的声音特征。"

结论昭然若揭：语言与历史类似，与人类的心智类似，它并不属于科学，而是一种非常细腻的技巧和策略。新的词汇并不是在你需要的时候就会出现，有些词汇几个世纪过去了，也没有造出来。而有些现有的词汇却在仍然有需要、有人使用的情况下被社会抛弃。新造的词汇是否成功取决于时尚，这与一部戏或一本书的成功类似，在很大程度上是偶然的。同时，也与图书的情况类似，不管有没有竞争，有没有替代品，有些流行的新用法也会突然消亡。

人们在说话和写作时会表现出反复无常的特性，正因为如此，把语言看作是一种不证自明的神谕，就显得太愚蠢了。人们的日常习惯行为驳倒了里德教授的名言。说母语的人并不听他这一套，因为他们经常纠正自己的语言，有时候还互相纠正。此外，婴儿说的也是母语，他们说话时会犯大量的错误，会被父母、他们自己、亲戚邻居慢慢纠正，直到所有人都认为这个婴儿（在这里的意思是"不会说话的人"）终于学会了正确地说话。自从人类开口说话起，这种对规范的强制执行就开始了，世界各地的语言概莫能外。唯一的中断出现在最近的西方社会，在这里，有些人认为应该尽早——而不是尽可能晚——停止纠正儿童的错误。

最后，有人可能会问，为什么里德教授只允许说母语的人随意使用语言？1500年来，不断有外国人把他们蹩脚的替代用法和随意变换的短语强加在英语上，正如我们所说的那样，他们的做法让英语变得更加丰富多彩。为什么要把对语言的嫁接和倾轧行为限制在国家的边界内呢？这听起来既不好客，也不民主。既然语言对所有人开放，那就应该允许所有人都那么做。

还有一个令人纠结的地方：我们说语言有生命、能进化，实际上是个比喻。但是，如果继续用这套比喻说下去，得出的结论可能会——唉，完全相反。例如，既然有生命，那么语言必须像树木一样要修剪，必须像马一样被驯服和被阉割；我们还必须强行改变它的基因，以产生优良的杂交后代；必须对它进行治疗，才能治愈它的疾病，延缓它的死亡。这样的暗示吓坏了语言的守护人，他们所说的生命可不包括培育或疾病。而且，他们非但没有像他们说的那样，不干涉语言的变化，只描述和分类语言，而且还要定出规矩。他们定的规矩就是：别人不许定规矩。他们认为自己是在捍卫语言选择的民主。对他们来说，用好或坏来评判语言，是一种"精英派的自命不凡"，最终必会失败。如果这个规矩能得以忠实地执行，那这个预言肯定会成为现实。

如果有人怀疑新语言学是不是真的和当今读写能力下滑有关系，怀疑语言学家特别规定的这些规矩是不是和社会政治中的基本态度有关，只要看看英语教师在过去半个世纪里读过和写过的文字就可以了。由于语言学理论的影响，30年前，美国国家英语教师委员会（National Council of Teachers of English）通过了一项决议，表示"支持对英语进行科学研究"，并建议在教师培训中收入"对研究方法、结果和应用的指导"。其主要目的是"帮助学校教学摆脱各种无用、有害的做法"。最终目标是讲授"描述性研究后发现的标准英语"。（显然，英语教师使用的语言也必须是经过描述性研究后发现的语言。）

23年后，同一个委员会又通过了另一项决议，确认了"学生有使用自己语言的权利"，并以另一项研究作为这项权利的基础："语言学家很早以前就否认了'标准美语'的存在，这完全是虚构的神话，不具任何效力……相信标准美语的存在，会误导说话和写作的人，会误导人们做出不正确的价值判断。"措辞相当强硬。不过，我们不必管这背后有没有什么好的、坏的政治意图；这里的重点是，语言学研究是与社会建议、价值判断联系在一起的。

这还没有完。如果你在最新版的《大英百科全书》（*Encyclopaedia Britannica*）中查寻"Dictionary"（词典）这个词条，你会发现该书的作者指出："（一般的词典通常）不会收录人们普遍认为的淫秽词汇，结果，非理性的禁忌反而被强化了。如果这些与性相关的词汇也能不加区分、按照字母顺序列在字典里……社会上那些错误的态度反而会得到净化。"语言学家先是大笔一挥，把"淫秽词汇"这个分类去掉——词就是词，没有好坏之分；接着再大笔一挥，又随手净化了他判定为错误的社会态度。此外，在后面的一个段落里，他对于美国人爱急着翻字典寻找正确用法的习惯表示遗憾。他更喜欢英国人，说他们的态度不那么学究气。而且，他们可能有一种相当固执的信念，认为自己的说话方式受过良好的训练，非常正确，应该保持下去。

并不是所有的语言学家都这么激进，但在英语教学、外语教学，以及任何在"语言艺术"这个标签下开展的活动中，对语言不干涉、自由放任这条铁律仍然是主流。教师个人的母语水平、教授的天赋、教学的能力有高有低、不尽相同，但他们信奉的语言学信条却类似，因为这个信条容易理解、容易记忆。

很多人成长于那个不堪回首的旧时代，或读过那个时代的语法书。凡有此经历的人都不会否认，那个时代的语法规则太多，没有什么自由精神，有时候甚至无法理解。大张旗鼓地反对"拆分动词不定式"，反对用介词做句子的结尾，这些做法实在荒谬；提倡高雅词汇、上流谈吐更是一种误导。然而，不可思议的是，即便如此，今天数以百万计说英语的人在阅读或写作时，正像他们总是急着翻字典查找正确用法那样，仍然满怀热情地崇拜这些偏好和禁忌。大多数人似乎都有一种深切的渴望，希望在表达意图这一颇有难度的艺术里，有更多的规则。人们仍然期望，他们的后代能够培养出适当的语言能力，能够清晰地自我表达。学校能做什么呢？要培养清晰的表达能力，主要涉及词汇和语法——也就是更准确的词汇和更好的词汇的组合方式。然而，如今的学校提倡尊重方言和错误用法、容忍不合规则的语法，在这样的前提下，是很难帮助学生实现这种目标的。

对于那些有意愿且有能力教授优美英语的教师而言，他们在教学中还必须面对另一个限制：旧的高雅表述方法已经被教科书上的乏味语言所取代。学校就在教授这些乏味的语言，芝加哥大学英语系的约瑟夫·威廉姆斯（Joseph Williams）教授在某座城市开展的一项研究就证实了这一点。在那座城市中，老师给那些使用拘谨、乏味词汇的作业打高分，给那些使用简单、具体词汇的作业打低分。

语法的情况如何呢？如今，"语法"二字本身就代表一种困境。自亨利·斯威特的时代以来，描述性语法体系已经包罗万象，变得太过复杂，难以教给学生。每一项研究成果都增加了语法现象的数量和种类，与之配套的还有各种语义和功能的新理论。所有这些努力给课堂教学带来的影响就是，破坏了原有的术语，此外还增加了另一个陈词滥调："英语不是拉丁语。"任何类似拉丁语的语法框架都被视为禁忌，这就为形形色色的体系以及错综复杂的术语留下了空间。学校教授的语法被贴上了音位学语法（phonological）、生成性语法（generative）、结构性语法（structuralist）、转换语法（transformationist）、"语法集"等各种标签。所有这些语法都错综复杂，而且都理所当然地认为我下面引述的这段话非常正确，这段话很能说明问题："这本书主要关注的是英语语法中的某一个或若干个体系，而不是犯过或可能犯过的语法错误……"接着它重申："没有理由被糟糕的句子吓倒。我们每个人在说话的时候都会说出糟糕的句子，在任何情况下纠正任何人都要小心谨慎、注意措辞。"这样的鼓励能改善读写能力下滑吗？

但是，现代语法造成的负担并不仅仅是放弃价值判断。一本"转换语法"书厚达几百页，即使对于一位懂语法的成年人来说，读起来也是困难重重。看看它是怎么向九年级学生解释主动语态转换成被动语态的吧："被动语态只能用于包含及物动词和宾语的核心句中。转换时，宾语变为主语，在动词前插入'be'和动词的分词形式。在句子结尾可以根据选择加上主语，前面插入一个介词'by'。"为了清晰明了，书里还加上了一段公式："我们可以这样表述这个规则：

名词短语$_1$ + 助动词 + 及物动词 + 名词短语$_2$

$NP_1 + Aux + V_T + NP_2$

名词短语$_2$ + 助动词 + be + 分词 + 及物动词 + (by + 名词短语$_1$)

$NP_2 + Aux + be + participle + V_T + (by + NP_1)$。"

这些语法说明试图面面俱到，但它们遗漏了一个基本要素：教学——这是把知识传授给别人的艺术。我们在很多其他学科中也可以观察到这种遗漏。这些推陈出新的方法往往忘记了一个事实：初学者必须从最简单的东西开始学起。所有学科在教授初始必须人为地简化——如果有必要，甚至要改写。更细致的学问、规则之外的特例、高级分析带来的深层次发现，都是在打下坚实的基础之后才能涉及的。如果不这么做，那就如同想在柱子建好之前就雕刻装饰图案一样——操之过急，只会事倍功半。

批判的话已经说得够多了，批驳的目的是为了给下面的论述清理场地。如果语言不是生物，不需要持续进化，那它是什么呢？它是艺术品，是一种集体创作出来的艺术品，是集体艺术的结晶。特别是英语，更是一件不朽的杰作。任何人回顾它的历史，都会由衷地赞叹。经由欧洲的印欧语系日耳曼语族的传播，英语可以追溯到梵文诞生后的时代,追溯到人们推测的西方所有语言的源头。通过借鉴这些西方语言后来的形式以及其他语系中的语言,英语不断扩大自己的词汇量。而且,它还驯服了这些外来元素,同时简化了自己的语法结构和词形变化,使自身成为地球上最灵活、最丰富的语言。无数的聪明人齐心协力,使之日臻完美——这是一件由无名大众通力合作而成的杰作。没有任何其他语言具有类似的优点。威廉·詹姆斯青年时期在德累斯顿(Dresden)求学时,曾生动地描述了这种差别:"在德语身上没有体现出任何现代化的进步。"

现代化的进步是通过各种增、删、改,也就是通过各种变化来实现的。但如果说所有的变化都是无知和无意识行为的产物,肯定是错误的。那些具有公众影响力的讲话者和作家将自己的爱心、对社会需求的关注、对逻辑和艺术的热情倾注进英语语言中;在印刷厂和出版商的帮助下,这些令人愉悦的创新恒久保存下来了。语言学家放弃了书面语,只迷恋口语,这种做法是错误的。如果他们多接触一些优秀作品,就会发现,他们记录的很多口头语言都来自书面文字,甚至包括法律文书和科学著作。那些简洁的成语、藏在字里行间的隐喻、句法上的捷径,以及数不胜数的连珠妙语,如今都成了所谓的陈词滥调和老生常谈。

这段从未间断的完整历史说明,语言既属于美学范畴,也属于其他范畴。学者们当然可以从不同角度研究语言,可以将它作为某些器官的用途来研究,或作为一种符号系统来研究,或作为一种社会体制来研究，从而得出有关体格、阶级、民族、道德等多方面的结论。但是，当他们研究语音、句式和语义时，他们也是在从事美学领域内的批评工作。所以，对现有的语言进行价值判断，谴责滥用的行为，为语言的精妙细微之处辩护，都是恰当的做法。正如其他领域的专业人士会捍卫自己的投资和特权一样，讲话者和作家也有权利保护他们的既得利益，捍卫他们的语言优势。

作家们可能也会对语言造成伤害。现代作家对修辞学及其教学的破坏不亚于科学。一方面，正如著名的语言学家莱昂纳德·布龙菲尔德[1]说的那样："语言学家天生就不尊重文字。"而另一方面，我可以引用我童年时代的忘年交，法国诗人阿波利奈尔[2]对我半开玩笑时说的话："你看，如果我愿意，我可以让'archipelago'（群岛）这个词表示'blotting paper'（吸墨纸）的意思。"他当年说这句话除了逗我这个小学生开心之外，其实还强调了诗人的力量：他们用前人从未试过的方式把词汇连接起来，赋予它们新的意义，使它们有别于报纸上的文章。这种创造性可能会过分发挥、走向极端。正如过去100年来诗人、小说家和批评家所做的那样，它已经偏离了目标，破坏了欣赏原创作品的标准，使西方国家的语言遭受重创，变得支离破碎、濒临枯竭。

这种创造的过度自由可能会玩火自焚。这就好比灵动的韵律必须在有规律的节拍下才能感受得到那样，人们必须在领悟什么是常规的前提下，才能感受到创造的新颖。当人们盲目地破坏规范，常规的界限变得模糊时，新奇的趣味也会逐渐消失。当艺术家灵光一现、第一次跃过词义的鸿沟时，"群岛"这个词也许的确会让人联想起"吸墨纸"。然而，当类似的模仿反复出现之后，这种奇特的组合将再也不会带来任何类似的效果。

在诗歌中，单词和句法结构就好像一座需要破解的迷宫，有时要靠脚注的帮助才能理解；而在小说和戏剧中，常常通过再现日常生活中支离破碎的语言或者混乱的意识流重现"现实"。所有这些文学体裁中，语言都无时无刻不在承受着巨大的压力。此外，如今的批评家和文学理论家们就像他们在文学领域里的同行一样，满嘴行话，句子表达颠三倒四，通过嘲讽读者对普通文章的期待来获得成就感。语言在早期的发展中，同样有很多创新；但那时的人们在创新和借用外来元素的过程中，注意到了自身语言的与众不同之处，并且保护了语言的实用性。他们通常是拒绝混乱的，这么做往往也还出于人的本能。但如今，很多德高望重的大师却在怂恿混乱——他们的这些做法立刻被广告商、媒体和学校争相效仿。

―――――――――――

1　莱昂纳德·布龙菲尔德（Leonard Bloomfield，1887—1949），美国语言学家，北美结构主义语言学的先导人物之一。

2　纪尧姆·阿波利奈尔（Guillaume Apollinaire，1880—1918），法国著名诗人、小说家、剧作家和文艺评论家，其诗歌和戏剧在表达形式上多有创新，被认为是超现实主义文艺运动的先驱之一。

例如，如果有谁想知道《芬尼根的守灵夜》[1]这本书如何影响了儿童的心智，只要看一篇关注天才儿童的时事通讯就可以了。那篇通讯文章报道了一项名为"Spallenge"的比赛。"Spallenge"这个词是"Spin-Off"（衍生产品）和"Challenge"（挑战）的组合，同时表示这两个意思。就像《芬尼根的守灵夜》这本书的做法那样，这个比赛就是要看看谁能按这个思路创造出新的词汇。比赛组织方称这种做法为"sqwords"，"sq"这两个字母来自"挤压"（squeeze）。共计22个天才儿童获了奖，奖品是在时事通讯上看到自己名字和家庭地址。这些孩子创造出了一堆词，例如：picalad［来自pickle（泡菜）和salad（沙拉）］、Greethology［来自Greek（希腊）和mythology（神话）］、trivicted［来自tried（审判）和convicted（定罪）］、treaf［来自tree（树）和leaf（叶子）］，以及authustrated［来自author（作者）和illustrated（插图）］。

发明这种消遣的成年人显然没有意识到，他们实际上是在教唆、纵容对语言的破坏。这种做法不但败坏了语言，还干扰了准确的思考，严重影响对思维的清晰表达。难道真有人会说"tree leaf"，或者"author illustrated"这种词吗？这两个表达方法真的有必要吗？就算有，把两个词的音节折叠、拼接起来，真能传达出它的意思吗？困惑的读者或听众遇到这种词，要费多大气力猜测呢？他们会有什么感觉呢？显然，使用这类词汇的人，根本没把读者或听众放在心上。

有时候，我们当然可以不用语言进行思考，但这只能维持很短的一段时间。连续性的思考和回忆需要利用非常具体、明确的记号，而这些记号最好通过可见的符号——也就是书写——固定下来。然而，语言学已经认定，语言只包括口语。很难想象，要是没有书面文字，"科学"如何能活过哪怕一周的时间。在写作中，我们会看到头脑中的思想在眼前渐渐形成清晰的轮廓，从而揭示出这些思想之间的缝隙和内在的缺陷。这个事实非常真切，我们甚至可以据此反思学校目前在"思维教学"方面的失败，其原因貌似能追溯到用选择题取代论文写作的测验方法。

　　其他的"测验"方法也会产生干扰。人们通常认为，只要能达到"有效沟通"的目的，任何形式的说话和写作都是好的。但这个观点只对了一半。卡洛里诺在他那本声名狼藉的教葡萄牙人学习英语的小册子[2]里，写的都是这样的句子："Apply you at the study during that you are young."意思很容易理解（趁你还年轻，好好学习吧），但这不是英语。如今，一般学生都认

1　《芬尼根的守灵夜》是爱尔兰作家詹姆斯·乔伊斯创作的作品。该小说彻底背离了传统的小说情节和人物构造的方式，语言也具有明显的含混和暧昧的风格。乔伊斯在书中编造了大量的词语，甚至大量运用双关语，对于不少读者而言晦涩难懂，以生造新词出名。

2　在19世纪中叶，一位名叫佩德罗·卡洛里诺（Pedro Carolino）的无名作家写了一本"葡萄牙语—英语"对话、短语手册，迅速获得了国际知名度。书中大部分内容都是直译、生译、错误百出，成了很多英语母语作者嘲笑的经典。

为他们的沟通能力已经能够满足需要——也确实如此。有一次，我的一个学生看到自己的论文空白处满是问号时，朝我大声喊道："你完全知道我说的意思！"在这一点上，我有些无言以对。他喊得没错；但我必须（用温和的措辞）告诉他，我是在既无兴致又无兴趣的情况下，理解他那篇论文要表达的意思的。读他的文章，我看到的只是一颗迟钝而愠怒的心灵。

我们换另一个角度来说吧：除非把语言看作艺术，对待它就像对待绘画和作曲一样，认为必须痛下苦功才能有成效，否则，我们就没有站得住脚的理由去明确主题，去要求精确的用词、正确的成语、简洁的句式、丰富的节奏、合适的语气、灵动的连接和起承转合——总之，就没有理由去要求好的写作。有些人可能会反对说，不追求"艺术"，光是指望普通学生写出简单、得体的文章就已经很难了。对此，我的回答是，朴素和得体、简单和直接就已经是"艺术"了——而且是很难的艺术。既然我们在教授艺术——例如绘画和音乐——时提出的是一般意义上的要求，为什么非要把语言艺术置于一个独立而不平等的地位上呢？

基于同样的原则，我们也该保持"语言"二字的正确用法。数学不是一种语言，音乐、摩尔斯电码、蜜蜂的舞蹈动作也不是语言。理查德·帕尔默·布莱克默[1]的一本批评文集书名为《作为手势的语言》（*Language as Gesture*），对隐喻狂热到了令人可悲的地步，它实际上暗示的是颠倒过来的另一个话题，也就是"作为语言的手势"。这种玩文字花样的时髦做法，实际上是再一次误把语言等同于沟通,反而忘记了一点:语言的发明正是为了改善手势的缺陷。语言就是语言,是一种独特的、不可类比的创造——这句话所表达的理念是一条富有成效的同义反复。除非我们重新采用这一理念来指导我们的思想和教学,否则,这两个方面还会继续低迷下去。也许,在所有的作文课上,一开始都应该让学生读一读拉伯雷著作[2]第二卷的第18章和第19章。在这两章中,伟大的英国学者多玛斯特(Thaumaste)只靠胳膊、打手势与巴汝奇(Panurge)辩论,他只有在巴汝奇用他的鼻子指着他,并且用手指把脸扭曲成一个可怕的鬼脸时,才会承认自己失败。

总之,"沟通"的神秘性被人为夸大了。居住在地球上的人每分钟说出数以万亿计的话语,其中大部分不是为了沟通,而是为了自我表达。讲话的人就是想说话,并不太在意听的人是否理解,这一点从下面这个事实就能表现出来:当讲话人停下话头的

---

1 理查德·帕尔默·布莱克默(R. P. Blackmur, 1904—1965),美国文学批评家、诗人。

2 此处指的是拉伯雷的《巨人传》,共五卷。在文中,巴汝奇替主子庞大固埃出场,和多玛斯特用手势辩论;在场观看的人各有各的猜测,每个人都按照自己的猜想看他们"辩论"的内容,没有人明白多玛斯特为什么认输。拉伯雷在书中也没有写,而是说:"至于多玛斯特对他们辩论中所使用的手势的解释,我本很愿意告诉你们,但有人却对我说多玛斯特为此写了一部巨著在伦敦出版,他在此书中把辩论的每一细节都详细说明了,无一遗漏,我就不必赘述了。"

时候，他依然沉浸在自己的思路中，等待时机接上话茬继续往下说。世上某些沟通会发生，完全称得上是间歇出现的奇迹；之所以发生，与其说是对自由的渴望，不如说是因为纯粹的需要。

渴望自由是为了能自我表达。语言和我们的感情紧密相连。情不自禁之时，自然有感而发；同样，百味杂陈也会阻碍表达。这就是年轻学生总说没有什么可写的原因，也就是作家所谓的"文思枯竭"。但是，当情感既强烈又清晰的时候，这些人就会急于找到既能表达意思又能获得审美愉悦的语言。这两个目标也会激发语言使用者的灵感。和其他工作一样，以词汇为材料的工作也需要经过艰苦的努力，在相互冲突的要求之间不断做出选择和妥协，才能交付成品。最终，它还必须通过实用性测试——它能达到沟通的目的吗？这种测试根据场合和交流对象的不同而不同，但内在正确与否的标准却是一样的。正确的句子是那些满足了写作者内心需求的东西。它将写作者的思想具象为可见的对象，并且由此证实了写作者对语言的控制力。如果学生没有接受适当的训练，不知道如何去感受这种需要和自豪感，那他要么会满足于笨嘴拙舌的文字，要么可能深感痛苦，因为他心里明白，他缺乏自我表达的手段。

这些窘境和困惑迫使我们回到这个问题上来：为了摆脱这些烦恼，应该向学生教授些什么呢？一眼看去，补救的办法只有实用修辞学中的两个分支——语法和词汇。语法要尽可能人为地简化,不要描述英语中各种错综复杂的变化,放弃所有的新术语——诸如"标题词""连接串"之类,直接使用源自旧拉丁语的传统名称就好。这些名称甚至在最现代的语法中也存在,我们在本文前面引用的一本现代语法书的例子中也能看到。显然,熟知这套术语的人(也许他们懂拉丁文)不仅能写出好文章,还能帮助别人分析他们的问题。

语法的作用,是让人重新认识到语言的意义和功能融合的原理,已经掌握了这种语言的人理解语法却往往有困难,原因就在于此:意义和功能原本就融合在一起,看上去似乎是不可分开的。具体化这些语法的作用并不需要数百页篇幅、数千条规则。伊利诺伊大学(University of Illinois)的艾恩·蒂贝茨(Arn Tibbetts)编写了一份只有20页纸的语法教学大纲,用它上课的效果很好。

至于词汇,有关词汇的一切——形式、起源、用法、同源词、内涵、逻辑和不连贯性——都会引起人们的好奇。事实上,在被糟糕的教育搞得失去感觉之前,孩子们会经常反复思考词汇的运用。他们在没有书本、没有上课的情况下,已经学会了用一种复杂的语言说话;他们发现不规则的用法时,会不停地在这套系统中寻找线索;他们还经常冒险,自己进行类比。这些孩子进入学校后,对他们唯一的要求应该是:不要使用术语,不要做花哨的比喻,不要把自命不凡伪装成创造力。此外,还有一条规则永远不能打破:不阅读,就写不出好东西。

他们的读物最好不要选自为大学新生编辑的内容乏味的文集，也不要选自同时代作者的"试验性"作品。标准语言才是开展教学、阅读和写作练习的适当媒介。尽管英语教师委员会可能不这么想，但标准语言并不是精英主义或专制主义的产物。它是艺术和各种偶然的产物，是诗人和人民共同的创造。标准语言是最普遍的表达方式，任何人只要稍加努力，就可以走进这个最大的思想和知识宝库，而不用被狭隘、排外的方言或行话的世界弄得狼狈不堪。

至于哪些内容、哪些表达方式属于标准语言，唯一的指标就是：使用。但是，人们经常会忘记，这里说的"使用"必须服从两个条件：时间和价值判断。可能很多人都在使用一个单词的新用法或在使用一个新单词，但是，除非它能经受住时间的考验，并且获得广泛的认可，否则它就不是一个好用法——而且，没有人能预测这要花多长时间。"Hand me the pliers"（把钳子递给我）[1]这句话在英语中流传了六百年，至今还不是标准用法；"invite"（邀请）看起来像是个相当完美的名词，但作家们在文章中却不会把它当名词使用。遵守这些惯例并不会使一个人成为纯粹主义者或保守分子。对我来说，我希望我们称芦笋为"sparrowgrass"而不是"asparagus"，希望"I ain't"（我不）是好的、正式的英语用法，希望"who"（谁）从来没有被"whom"（谁）取代。不过，无疑，我提出这些观点还有些为时尚早。

学习语言的人如果像他的前辈那样，尊重语言的用法和规则，就不会受到不公正的限制。他其实是在学习一门手艺。如果这样看待自己，他很快就会获得自信，能够"投票"。这里说的"投票"，不是投在投票箱里，而是"投"在纸上——通过选择这个单词而拒绝那个单词，通过抵制胡乱措辞，通过接受令人愉快的新用法来投票。他使用标准语言来清晰、准确地表达自己的思想，表明他不是喜怒无常的守旧派，而是有思想的语言保护主义者。至今还没有人能够解释，为什么在人类所有的杰作中，只有语言不能通过理智加以照管和保护。而且，这似乎也是一种道德责任，因为对于语言这一丰硕的财富，我们只是它的管家。过去的人民创造了它，我们有义务在把它传承给后人时，确保它像我们最初发现它时一样完好无损。这才是对待语言真正的民主。相反，语言学家们态度傲慢，鼓吹"并不尊重词汇"，怂恿民众无限度地败坏语言，而他们自己却继续用标准语言写作。这明显是因为他们所号称的科学词汇问题，以及在教授年轻人语法时的无能为力。

---

1 原文为"Hand me them pliers."应该是排版错误。

面向 21 世纪

当那些久经世故的人读到或听到西方文明正在衰颓的说法，他们迟早会这么想：对于活着的人来讲，"这个时代"总是江河日下。在大多数时代，总会听到有人大声疾呼，提醒人们注意四处可见的衰落迹象；对每一代人——特别是老年人——来讲，世界总是快要完蛋了。在 1493 年（请注意这个年份），有位名叫舍德尔的德国人，学识渊博，编写了《纽伦堡编年史》（*Nuremberg Chronicle*），还附上了评论[1]。这本书宣称，世界历史的七个时代中的第六个时代即将结束；在书的最后还留下了几页空白页，用来记录剩下的历史中可能发生的重要事件。而他说的剩下的历史就躲在拐角、快要发生，即新大陆的发现，以及与这一看似无关紧要的事件相关的一系列连带作用。回顾历史，你会发现生活总在继续，新的活力总在不断涌现。这必然会让人产生怀疑，不再相信反复出现的衰颓观点。

但是，这些久经世故的人——和产生怀疑的人——应该再进一步，问一问为什么同样的现象会反复出现？换句话说，具有历史意识的人应该探究一下，为什么总会出现衰颓的观念？它究竟意味着什么？肯定有一个原因，肯定意味着一件事，那就是，在每个时代，确实都有一些东西消亡了，而老年人是这种消亡最好的见证。风俗习惯、艺术风格、政治风格，关于人生目标的假设、关于人性和宇宙本质的假设，这些都像服饰潮流一样，不可避免地会发生变化。没有人会否认两英寸高的男装硬领已经消失在历史的阁楼里，同样，也没有人会否认那些形而上的事物——比如"正派的人"（a man of honor）这个概念——已经消失。这些

---

1 《纽伦堡编年史》是一部配有丰富插图的世界历史著作。书中以《圣经》为基础记载了历史上的许多事件。该书作者为哈特曼·舍德尔（Hartmann Schedel，1440—1514），于1493年7月12日在纽伦堡出版，语言为拉丁语。这本书按照《圣经》的纪年，将世界历史从创世纪到"末日审判"划分为七个时代，其中第七个时代就是末日审判。书上说，我们目前处于第六个时代，即从耶稣诞生后至今的时代。

作者特别标注"请注意这个年份"，是要提醒读者，这本书在编纂和出版时认为人类的时代即将终结，但1492年正是哥伦布发现新大陆的年份。因此，才有后文提到的"剩下的历史就在转角、即将发生"。显然，编写和出版这本书时，那位舍德尔即便知道哥伦布的事迹，也不会认为这是一件影响人类历史的重大事件。

词听起来古色古香，但不会引起任何情感上的回应。这里的"消失"，指的是这种鲜活的信念和文化形式的消失，而不是指现实中没有正派的人了。如果一代人在成长的过程中，认为这些信念和文化形式是好的、有价值的，那么当他们发现这些信念和文化形式消失了，自然会感到失落。

在20世纪，人们每次倡导某个计划或方案时，都会搬出"变化"二字，把这个概念当作一种武器；然而，"变化"这个概念本身就包含着损失的意思。这是因为，社会和个人生活一样，很多时候都是鱼和熊掌不可兼得，更不用说变化发生时的疏忽或暴力，会连带破坏其他有用的文化态度和社会制度了。例如现在，人们可以问，在全世界范围内，兴办大学这个理念是否已经被击碎，在很长一段时间里没有恢复的希望了？这种印象——如果是正确的——和造成破坏的原因是不是值得肯定毫无关系：历史学家只记录结果，这就像保险评估员记录破损的店面一样——不问原因。

如果我们想以同样超然的态度，评估迄今为止占主导地位的西方文明受到的破坏和分裂的程度，必须先回顾另一种历史概念——文明的确会灭亡。古希腊和古罗马轰轰烈烈倒下的结局并不是神话。没错，崩塌出现后，生活仍然在以某种方式继续，但正是这"某种方式"告诉我们，某些高于苟活层面的事物已经消失了。这些东西就是我们所谓的文明。文明是对集体生活的清晰表达，这种表达包括权力、成长、快乐或坚强的自信，以及其他仍在继续发展的鲜明迹象。但是，文明也包括对某些理想和生活方式心照不宣的个人信念，这些个人信念得到了关于社会公正的一般信念的支持。由此可见，当人们普遍不信任那些形而上的事物，不信任他们在日常生活中形成的习惯时，就会导致文明的解体。

那么，唯一的问题就是：这种不信任的程度有多深？因为历史上既有大的衰落，也有小的衰落，衰落意味着"走下坡路"。一个文明有可能以自己的方式经历一个较小的信任危机，但不至于破坏整体结构。从我们所谓的中世纪的鼎盛时期到文艺复兴和宗教改革，这个过程就是走了一段下坡路，然后又重新开始。法国大革命前的一段时间也是这样。在这两段时间里——大约是14世纪末和18世纪末——欧洲见证了一系列的变迁：旧制度崩溃了，人们长期接受的旧思想瓦解了，旧的情感渐渐消退了；然后，新制度、新思想和新情感又取而代之。

这些变迁，划分出了所谓的"时代"，严格来说，它的意思就是"转折"（turnings）。旧的体制似乎陷入了停滞，所有熟悉的东西都变成虚无或错误。绝望、冷漠，对残酷和死亡充满迷恋，希望化作大力士参孙（Samson），去推翻压在自己和那群弱智拥趸头上的整个体制——这些激情摄住了年轻一代的魂魄，使他们成为促成变革的暴力推动者，或是成为清醒的怀疑论者和愤世嫉俗的人。积极行动的人和否定现实的人在一起，产生了新的思想，这些新思想使文明的进程得以延续。但是，也可能出现这样的情形：并没有产生足够的新思想，也没有出现生机勃勃的希望；于是，在日益加剧的混乱、越来越多的挫折和愚不可及的破坏中，文明崩溃了。

和判断当前出现的局势相比，判断过去已经发生的事情自然要容易得多。但是，我们仍有可能以史为鉴，盘点历史上发生过的重大事件以及各种体制，从而对富有成效的创新和显而易见的破坏这二者齐头并进的程度进行评估和衡量。这些创新和破坏同步出现的状态体现在社会的方方面面——政府、宗教、道德、社会交往、语言、艺术，以及作为文明生活最终基础的公众希望。通过了解这些，至少我们能对现在这个"时代"的衰颓程度得出一个大致的结论。

在上面这个清单里，之所以把政府排在第一位，是因为它最重要。很多人可能不同意这个说法，但这个不同意本身就是时代衰落的一个临床症状。60多年来，西方的先进思想一直认为，政治和政客们都卑鄙到了极点，国家是强加在人身上的谎言。法律和执法者背负的骂名越来越多，被说成是"权力集团"的工具。尽管定义不同，但人们认为"权力集团"主要是通过欺诈和胁迫的手段才获得了他们现在的地位。

与此同时，犯罪现象在世界各国首都大肆泛滥；而对犯罪行为的控制措施既不可行，也不符合文明的思想。国家的价值不能高于法律的效用，而法律的效用又必须得到公众的支持和批准。

尽管在设计上，西方的司法体系或许是有史以来最关心保护被告人权利的司法体系，但它的实施却陷入了困境。"思想进步"[1]理论甚至把邪恶的意图看成疾病，试图用治疗代替惩罚。此外，关于犯罪治理的理论也很混乱，导致在辩护、量刑和假释方面没有统一的标准，结果只能是明显的不公正。

监狱里人满为患、设施陈旧，自然会引发骚乱。一些人被长期关在狱中，苦等审判；另一些人则试图越狱、挑起暴乱，或是等着大幅度减刑后出狱。"终身"监禁取代了"残酷"的死刑——一般情况下，这个"终身"往往只有9年。但是，这些人再次犯罪的比例很高。暴力抢劫随处可见，而且很多时候得不到法律的制裁。那些疯狂的罪犯出狱后会像得了强迫症似的重复犯下恐怖的罪行——这与他们在服刑期间遭受的恐怖待遇如出一辙。和社会上众多的现存领域一样，西方人有各种正确的观念，却没有实现这些观念的手段。最终导致的结果就是，人们藐视法律，藐视执行法律的国家，藐视那些仍然相信法律和国家的官员。

如果我们问这算不算是时代衰颓的标志，只要对比一下当前与一个世纪前的情形之间的鲜明差别就可以了。一个世纪前，公

---

[1] "思想进步"（The March of Mind）大讨论又叫"The March of Intellect"，是19世纪早期在英格兰发生的一场广泛争论。一方认为社会正朝着更进步、更广泛，知识和理解能力更高的方向发展；而另一方则对拥抱进步和新观念的狂热风潮持反对态度。

民因成为业余律师和国会议员而感到自豪和满足。宪法、竞选活动、陪审团和选票支配着人们的想象力。法院和其他公共权威机构赢得了绝大多数人的尊重。人们认为，是享有主权的人民创造了这些机构；正是这种最初既定的身份和获得的尊重帮助这些机构正常运转。今天，同样的想法和言辞只会招来嘲笑。"遵纪守法""法律与秩序"隐约和"保守老旧"画上了等号。人们通常认为，警察是政治体中腐败、无能的部分，而政治体本身则是被凌驾于单纯人性之上的邪恶势力控制了。曾经，自由主义理想把普选视作自治的关键，把法治视作美好社会的保证；如今，这些变化标志着自由主义理想的终结。到目前为止，这个理想已经沉沦，任何少数人的正义都是不言而喻的公理。而且，越来越多的人感到自己并不享有自主权，受到了可耻的压迫，属于绝望的少数群体。

我们不从被抹黑的具体事情出发，而是从抽象意义上的统治艺术出发来看，很明显，信心和信任不断受到侵蚀，最终必将瓦解所有公共权威以及它背后的公共意志。当公共意志没有像它惯常的那样凌驾于特殊意志之上时，剩下的就只有临时形成的权力中心产生的肆意妄为了。

我们可以从当今世界上无数的游行示威中找到这一结论的证据。这些游行，有的是抗议残酷的压迫，但更多的是反对完全合法但不受欢迎的政策；而且有时没有什么明确目标，就是出于习惯，要表达对于任何建制的敌意。"建制"（Establishment）

这个词，已经脱离了它精确的意思，现在指的是所有公共机构，甚至包括提供善意服务的机构（比如消防部门）——之所以受到抵制，只是因为这些机构在抗议情绪爆发前就已经存在了。

这种情绪的另一个名称是"公民不服从"（Civil Disobedience），这个词也脱离了它真正的意思。这个词原本的意思是：挑战一条法律，违反它并接受违法的后果，用这种行动来表明这是一条恶法。而如今，公民不服从的意思是违反所有法律，以此表明当今社会要对普遍存在的不公正负责，违法者还据此要求得到豁免。所有形式的抗议活动都有一个共同点，它们都是利用集体勒索的压力来代替法律的力量，把法律和政府官员看作篡权者，迫使他们处于守势。

在具有人民主权传统以及人民主权宪章的国家里，这类抗议活动受到集会、请愿和罢工权利的保护。但是，在"请愿"的幌子下，这类抗议活动如今却是毁坏财物、恶意诽谤和对日常生活的干扰，远远超出了这些权利最初的定义。把焚烧国旗作为一种在言论自由保障下的"表达"，这种解释只有在发生革命的前提下才是正确的。社会全面衰落的根源，就在于"系统化的政府"这个概念本身。

在那些自由主义从未站稳脚跟的国家——通常是东欧、亚洲和拉丁美洲国家——中，这些极端的政治行为似乎是土生土长的：政变、内战和暗杀此起彼伏，从容地延续着它们悠久的历史。在历史上，这些行为是一种代替普选的粗糙替代品，也断断续续地缓和了专制统治。然而，如今使用暴力的行为已经呈现出新的面貌。以前，暴力反抗是一种战争行为——用暴力对抗暴力，有人死去，但没有人感到震惊。而现在，出现了大大小小的暴力抗争、绑架和杀害人质、劫持飞机的行为，这些看上去都快成了人民和统治者、人民和人民之间合法的沟通手段了。故意破坏他人财物以及骚乱已经成为表达自由言论的渠道，行政当局必须保持耐心，必须克制使用武力，必须进行谈判。而谈判的条件通常很简单："接受我们所有的要求，否则我们会采取进一步行动。"

简而言之，西方文明正在见证的是 18 世纪掀起的伟大解放运动的最后阶段。这个最后阶段与最初的阶段类似——所有开明人士都同意，权力机构和国家总是而且"从来就是"错的。只要抱着这种感觉，任何反击都是"反人民"的，都是犯罪。"扫除一切丑恶"在当时是理论，而现在则成了实践。知识分子总是自动地支持反对者，支持地方自治，反对中央集权，并且谴责所有的制裁行为。换句话说，除非人民自己掌握权力，否则权力就是不合法的。为了公平起见，如果我们认同这个结论，认为统治者的确拥有骇人听闻、无法纠正的邪恶，那么，这个时代的衰落就来自统治者和被统治者两个方面，而且，文明的结构也不再具备足够的信念和力量来维持自身。

如今，民粹主义在全球当道。在这种氛围下，人们要求不断投票，不断进行全民公决，以便创造一个新型的主权国家。但是，即便持续参与公众事务与文明生活的其他要求互相兼容，在政府的日常工作中,要事无巨细地咨询所有人的意见也是不可能的。目前,在非独裁统治的国家里,许多问题常常由职业革命小组或者仿效职业革命小组的团体做出裁决。在某种程度上,世界各地的学者都已插手政治,这是他们为快速见效而采用的成功模式。

几乎从我们展开考察的时期开始,在西方社会中,最初那种利用集体抗争和有组织威胁的治理模式一直合法地发挥着作用:工会使用罢工、罢市及其他约束自己成员的手段,向公众展示了这些团体直接行动的力量。如今,这种方式正在逐渐取代原先那种将个人的自由意愿委托给一个合法权威机构来治理社会的模式。

当然,这类戏码长期以来一直在国际舞台上不断上演。借助暴力手段讨价还价是一种古老的游戏,在20世纪只是进一步增加了它特有的粗俗傲慢和自吹自擂的腔调,其目的是为了打动国内民众。但是,以"政策"为借口绑架和勒索外交使节、冲击大使馆、煽动对外国人的仇恨,这些把我们带回了原始时代,带回了威尼斯人的外交时代。总之,各大国间传统的无政府状态和每个国家内部的无政府状态越来越相似,这正显示出国家这一概念本身的衰颓。

然而,当某一原则恰好成为现代反政府暴动的理由或者契机时,这样的原则通常可以划入自由社会主义的既定范畴:"打倒殖民主义"——或者是打倒种族主义、打倒资本主义。针对另一个国家爆发的敌意也缘于同样的原则。20世纪没有出现任何新型社会，没有出现可实施的或者乌托邦式的社会方案。缺乏这类创新可能会影响西方文明的前景。除了缺乏原创性之外，现在各种相持不下的理想和学说在没有深刻哲学信念的支持下仍然存在，从这个意义上讲，它们倒是无可辩驳的。就如同所有政权都是"为了人民"一样，各种团体和阶层也都是"为了平等和正义"，都是"反对贫穷和歧视"的。没有人支持帝国主义（殖民主义）了；作为一项官方政策，种族主义只存在于非洲南端；资本主义经过大幅度改良，在很多方面和共产主义没有区别；而共产主义本身也混合了很多其他特征。没有人认为社会上必须有穷人，没有人认为在某个等级制度中必须有"下等人"，或者必须有人扮演"下等人"这个角色。平等主义受到普遍认同，同样，贫穷现象受到普遍谴责。

实际上，在各种政治"主义"中，唯一完整流传下来的只有民族主义。这在一定程度上是因为从20世纪20年代开始，很多殖民地同时获得解放。但是，现在的民族主义与过去的民族主义有两个明显不同：第一，它不是爱国主义；第二，它并不愿意吸收和同化其他人。相反，它希望收缩和脱离，把自己的控制范围限制在一小群志同道合的人身上，限制在自己人身上。从这个意义上讲，它是种族主义的、排他主义的、宗派主义的，是受到少数派鼓舞的。

事实上，它是作为唯信仰论[1]狂热的一种表现而繁荣起来的，而唯信仰论是这个时代最深刻的驱动力。在亚洲和非洲,王国和地区分裂成小国家,这些小国家又分裂成更小的国家,这显示出对所有中央集权——无论其来源和形式如何——的焦虑和怀疑。在欧洲,几乎每个历史悠久的国家都有一个或者多个要求独立的"小国家"——英国有苏格兰和威尔士,法国有布列塔尼,西班牙有加泰罗尼亚和巴斯克。追求绝对自由的狂热是致命的。爱尔兰正在内战。小小的比利时被两个使用不同语言的群体撕裂,它的著名大学不得不一分为二。加拿大面临着同样的威胁。德国按党派利益划分选区。在欧洲东南部,巴尔干化的割据在苏联的统治下有所减缓,但并未消除[2]。塞浦路斯完全成了战场。在远东,巴基斯坦刚从残忍的印度帝国手中解放出来,东巴基斯坦就大声疾呼要从残忍的西巴基斯坦帝国手中解放出来,就此成立了孟加拉国。

总之,这个时代有一种政治和社会理想,一种驱动力,不管它乔装打扮成以前的什么破烂哲学,它其实就是分离主义(Separatism)——即使还没有彻底解体,肯定也在分离的过

---

[1] 唯信仰论(Antinomian),又译为废弃道德律论、反律法论,是一种基督教神学观点,主张信仰是得到救赎的唯一条件,遵守道德律或摩西律法并不是得到救赎的原因,因此并不重要。这个词由马丁·路德所创,用来解释保罗因信称义的观点,在新教运动之后得到教会的重视。

[2] 本文写于苏联解体之前,所以有此一说。

程中。

分离的进一步证据来自（相当于民粹主义的）泛基督教会（Ecumenism）合一运动以及（相当于革命的）"地下宗教"。天主教会长期以来是层级制的典范，本该借助一个人数众多的代表大会来修改教义。这件事并不新鲜；新鲜的是，梵蒂冈第二届大公会议（Second Vatican Council）出台的几条相当失策的法令，竟然被一些牧师组织无视，而且这些牧师坚持认为自己"并不是在攻击"他们藐视的权威。每个教会都有人提出同样的争论。牧师们表明立场，要么是在这条或者那条信仰条款上，要么是在礼仪和私人行为的规范上，反对管辖他们的宗教会议。而且，他们还请公众做见证，通过他们的挑战行为来看一看，他们的自主权是否真的存在。

就像社会中的其他领域一样，他们这种奇特的新观念认为，权力当局的存在就是为了批准公然与之为敌的对手做出的决定。时间尚未证明，这样的安排是不是能在第一批持不同政见者首次提出反对意见后持续下去。就目前来讲，对此负责的权力当局犹豫不决，既不敢查找异端，也不敢开除这些神职人员或者取消他们的资格。他们与其说是害怕，不如说是耻于行使任何权力；因为他们被灌输了一种放之四海皆准的原则，那就是他们无论做什么，都是错的。

在这个分崩离析的时代，最常见的特征就是——从定义几乎就能够知道——经常模糊目的和功能之间的差别。不管是个人还是机构,都希望把以前分开对待的目标、活动和情绪融合在一起。这种强烈的愿望和政治上的分离主义并不矛盾,它决心回到从前,消除障碍,恢复与族人共同生活的最初联合体。这是一种希望混合、融合以及遗忘的意志。商业中的企业集团就是一个明显的例子。这些企业集团的多元化经营不仅是为了商业发展的安全考虑,而且还缘于一种无视产业专门化的、鲁莽的快乐情绪:这家新企业不仅生产浴室设备,而且出版艺术书籍。与此类似,购物者心里也是应有尽有——为疲惫的旅人准备的神圣的小礼拜堂就并排林立在杂货店、银行和干洗店的广场旁边——都在"同一个屋檐下"。学生们争取并赢得了在图书馆里吃饭、在宿舍里做爱的权利。教会引进年轻人喜欢的小型爵士乐队,让宗教仪式耳目一新,成功吸引了年轻的信徒;同样,一位离经叛道的牧师认为,他在地铁站为一对夫妇举行婚礼是对宗教强有力的一击。

  艺术在这一点上一直都是优秀的导师。有人将机械和雕塑整合在一起作为艺术展示,又有人将油漆和黏纸整合在一起作为艺术展示。在那之后,当我们提到"复合媒材"[1]这个概念时,它

---

1 复合媒材(Mixed Media),又称综合媒材,在视觉艺术领域中,是指一种混合运用多种材料的创作形式,是大学或学院美术领域中的主要课程之一。与多媒体艺术不同的地方在于,综合媒材的作品是以传统视觉艺术品为主,而不是将视觉以外元素混合其中。

除了是美学上的聚合物之外，还会是什么呢？而且，当演员们在观众的簇拥下表演，甚至裸体表演（比如表演"我们生来如此"）时，或者，当他们与观众互动，并将观众的参与作为表演的一部分时，他们除了说生活中没有障碍和差别外，还能说什么呢？"性别"这个词本身就意味着"差别"，但如今人们从逻辑上已经不再认为它是一种区别了。

在许多人身上，同样是这种融合以及混杂产生的神秘主义情感，促使他们信奉和践行经过改良的佛教或其他信仰；在信奉的过程中，个人努力忘掉自我身份和自我意识。这种思想在西方文明中早就存在，但它现在似乎更适合不同类型的人，它如今看起来不那么异乎寻常了，甚至更符合当下对欧洲文明普遍存在的敌意态度。根据这些批评家的说法，欧洲文明已经"毁掉"了世界上的其他文化。

另一个致力于相同目的的传统是原始主义（Primitivism），它现在变得非常强大。这个传统追求简单化，希望回到事物最初的纯真状态，然后重新开始。这一动机促成了新教改革运动（Protestant Reformation）。它还驱使高更[1]等人前往南太平洋，去寻找没有遭到任何破坏的世外桃源。这种重新开始的渴望一直是文学作品中永恒的主题，比如《鲁滨孙漂流记》中的幻想和《瓦尔登湖》中的天性。不过，严格说来，这些模式都是骗人的。鲁滨孙有一船文明世界的产品，否则他早就死在岛上了；《瓦尔登湖》的作者梭罗随身带着一把斧头、一袋钉子、一些豆子和其他形式的生产资料。但是，当涉及结束一种文明的时候，情感比事实更强大。在这种不惜任何代价要求重新开始的强烈愿望背后，隐藏着对虚假和束缚失去理智的仇恨。这种仇恨产生了巨大的力量。"我感到内心有某种东西，"来自北方的部落酋长说，"迫使我一定要焚毁罗马。"

如果怀疑和不满的感觉如此强烈，如果人们对西方世俗世界的成就和政府的信心在消退，那么对上帝的恩典和统治的信心又如何呢？一会儿有报道说，经常去教堂做礼拜的人很多；一会儿又有报道说，人们普遍对宗教漠不关心。这些统计可能同样正确，但他们并没有改变一个明显的事实，那就是宗教狂热已经变得非常罕见，而且很少得到知识分子的支持。尼采在80年前就提出"上帝已死"，这一观点最近作为一种自由主义思想再次被人提起，然而它显示出的是，现代工业社会中的公民并不总是重视天意或求助神灵。他们重视和求助的是机器、药品、金钱和无意识的力量。这些都不是神灵，我们和这些事物之间并没有谦卑的亲密关系、牺牲和彼此的爱意。

完全依靠自己以后，人类会感到力不从心。他们越来越清楚

---

1 保罗·高更（Paul Gauguin，1848—1903）法国后印象派画家、雕塑家，代表作品有《我们从何处来？我们是谁？我们向何处去？》《黄色基督》《游魂》《敬神节》等。1890年之后，高更日益厌倦文明社会而一心遁迹蛮荒，太平洋上的塔希提岛成了他的归宿。

地认识到,他们控制不了自己的生活,控制不了集体的命运,很多现实目标都无法实现。由于人口越来越多、物质力量越来越大,实现任何目标都变得越来越困难,就算是一个已有普遍共识的目标也不例外。消除空气污染、为居民提供住房、从理论上实现通信和交通畅通的可能,这些都成了"问题";而且,时间拖得越长,越难解决。毫无疑问,正是这种面对科技时日益增强的无力感,导致西方长达2500年文化的继承者们产生了沮丧的情绪。这种沮丧演变成愤怒,最终导致肆意破坏和野蛮暴动。技术和理性看上去无力回天,干脆被称为非自然的东西。

直到最近,自由主义思想家变得很有信心,在一个良好的社会中,教育是一种能维持公正政府的文明力量。人们满怀热情地进行大众教育的实验,在这上面的花费和投入相比任何早期文明都多得多。这种努力仍在继续,但人们却越来越沮丧。因为,现在看起来很清楚:教育也有其局限性。读写能力不能无限地推广下去;教师无法像汽车那样随意批量生产;最糟糕的失败是,免费教育的受益者们抗拒、蔑视他们获得的好处。于是,最新的"解决方案"是"去学校化社会"——似乎被当成一种新发现的自由,能为这个一度充满希望的世界带来新生似的。

经过仔细调查,我们发现,问题并不在于教育,也不在于消除愚昧无知,而在于社会要求学校培养学生适应这个社会,也许是培养他们适应生活本身。如今,穷人、富人和中产阶级中,都有一些肆意破坏者和辍学者;青年作为一个新阶级,在商业领域举足轻重，却公然与世界为敌。看到这些，教育工作者和社会哲学家运用他们的自由主义想象力得出结论：这又是一个"中产阶级价值观"破灭的证据。与代议制政府类似、与资本主义制度类似、与传统宗教类似，自哥伦布时代以来，西方社会煞费苦心打造的文化已经不再适用、不能满足大众的需求了。

这种谴责中产阶级，认为他们造成了这个时代罪恶的论断，并不是第一次出现。同样，这也不是马克思主义者或者社会主义理想的先驱和接班人首先提出来的。无论从什么意义上讲，这都不是一项纯粹的经济上的指控。各种反中产阶级的言论出现至今已经快200年了。如今，这些老生常谈再次被人提起，并不是暗指要把无产阶级从强权的压迫下解放出来，其真正的意思是，对未能创造一个更美好、更伟大、更理性的社会而感到愧疚。毕竟，公共福利这个概念起源于自由主义思想本身；19世纪90年代，自由主义思想放弃了自由放任的做法，追随俾斯麦[1]和社会主义者的脚步，试图建立一个提供全面社会保障的国家。而自由社会主义思想正是中产阶级发明的。同样，把"物质主义"作为一种罪恶归咎到中产阶级身上，和"人民的权利"并不矛盾；因为毫

---

[1] 奥托·冯·俾斯麦（Otto von Bismarck，1815—1898），德意志帝国首任宰相（1871—1890），人称"铁血宰相"。俾斯麦时期德国开启了"王朝社会主义"（也有人翻译成"国家社会主义"）这种福利制度和政策，既保护了王朝利益，也实现了他的国家需要照看人民的政治理念。在当时，这种福利制度和政策得到了民众的广泛支持。

无疑问，这些"权利"中肯定包括人民在物质上的繁荣。

在这些悖论之上的，是一个超级悖论：当今的精神困境和革命浪潮竟然出现在一个普遍富裕和生产力高涨的时代。不光如此，在这个时代，借助工业发展，西方文明甚至扭转了长期以来的贫富比例。在我们的社会中，年岁最大的人口中有 15%—20% 的人生活在贫困中。这毫无疑问是我们的耻辱，但再也不会像过去很长一段时间那样，只有 20% 的人生活舒适、80% 的人生活贫困了。然而，没有什么比现实和愿景之间的差距更令人难以忍受的了。创造财富的能力使人类看到一丝普遍富裕的曙光，而当我们发现在全球范围内还远远谈不上富足时，焦躁的情绪就变成了愤怒。

如果我们透过这些痛苦和不满，探索更深层次的原因，就会发现，即便再接近全球繁荣的目标，也不会减轻人们的痛苦。当约翰·穆勒[1] 还是一位年轻的自由主义改革者时，他一度深陷抑郁，总是扪心自问：如果能马上实现所有愿望，自己会不会快乐？他得出的答案是否定的。所以，即使今天西方世界所有的现实问题都一一解决，也不会让社会中的主要批评者们感到安慰，让他们高兴起来。它也许会使穷人和失去权利的人更满意一些，但人们会问，这种情况会持续多久呢？因为那些已经摆脱了贫困、暴政、愚昧和迷信的人会宣称自己是受到压迫最多、最悲惨的人，他们愿意不惜失去一切去砸烂这个制度。

这种废除主义（Abolitionist）观点也不是什么新观点，在政治上也不激进。它属于道德和审美领域，它的最初形式是由法国大革命期间或之后不久成熟起来的艺术家们提出来的。宗教曾经给肮脏的尘世提供了完美世界的神圣承诺，而艺术接管了原来由宗教扮演的角色。在浪漫主义者（Romanticist）手里，上帝之城变成了艺术的愿景。也就是在那个时候，中产阶级又成了人们憎恨和蔑视的对象，因为他们相信的世界是一个可以做生意、搞政治，有正常的作息时间、稳定的生活、牢固的婚姻、合理的投资，还有一个大腹便便的晚年的世界。他们在道德上的自满和艺术上的庸俗使他们成为一切慷慨情感的敌人，是人类一切无私精神的对立面。

1848年的革命[2]失败后，民众巨大的幻灭感加剧了这种对立。随着工业化出现，城市变得丑陋，随处可见大众的堕落，廉价报刊上满是蛊惑人心、哗众取宠的报道，早期粗糙的大规模生产让人们的品位变得粗俗，各种广告喧闹不堪，从手工作坊变为机械

1　约翰·穆勒（John Mill，1806—1873），英国著名哲学家、心理学家和经济学家，19世纪影响力很大的古典自由主义思想家，支持边沁的功利主义。

2　1848年革命，也称民族之春（Spring of Nations），是在1848年欧洲各国爆发的一系列武装革命。这一系列革命波及范围之广，影响国家之大，可以说是欧洲历史上最大规模的革命运动。第一场革命于1848年1月在意大利西西里爆发。随后的法国二月革命更是将革命浪潮波及几乎全欧洲。但是这一系列革命大多都迅速以失败告终。尽管如此，1848年革命还是造成了各国君主与贵族体制的动荡，并间接导致了德国统一及意大利统一运动。

化生产后，人的价值无足轻重，进一步带来情感上的困惑——所有这些以及人类进入工业化时代后的诸多其他后果，导致西方的道德和审美意识借助艺术家之手开始否定整个社会。歌德、雨果（Hugo）、拉斯金[1]、波德莱尔、萧伯纳和威廉·莫里斯[2]在诗歌和散文中明确表达了这种全方位的谴责。不仅是他们，在欧洲的每种语言中，还有数百人在做同样的事。这种绝望感在坊间十分流行，对罪恶的描绘惊人地一致。

接着，在1870年后的欧洲，有两场运动为现代艺术准备好了立场——一种四面楚歌、和社会疏离的立场。其中一场运动采取了逃避路线，把自我封闭在精神和感觉的"真实"世界中。如今，在那些用尽各种手段试图摆脱社会和自身的组织中，可以看到这一运动的当代版本。他们采用的手段包括使用工业或者化学产品，也就是毒品。结果是极端的，但这个传统以前是、现在也是值得尊重的。波西米亚就是反主流文化的第一种形式，自从波德莱尔证明吸毒带来的"人造天堂"是城市生活必要的解毒剂以来，这种形式已经持续一百多年了。

另一场运动从一开始就是激进的，它试图用艺术震撼中产阶级的心灵，使他们认识到自己的堕落。从19世纪80年代的自然主义者和讽刺作家（左拉、雅里[3]），到未来主义者（Futurist）、超现实主义者（Surrealist）、达达主义者（Dadaist）和表现主义者（Expressionist），以及存在主义者（Existentialist）和我们同时代的其他人，这条路线非常清晰。事实上，令人意外的是，他们用来震撼中产阶级的爆炸装置几乎没有变化。只是为了跟上各种耐药性的"通货膨胀"，剂量才增加了一些。按照萨特[4]的说法，当让·热内[5]凭借小偷的天赋和同性恋倾向成为艺术家和模范公民时，或者当小说家以及剧作家在寓言里描述酷刑、疯狂、强奸以及嗜粪癖，意在向公众揭示自我革新的真相时，整个中产阶级不得不相信这个社会本身是多么可憎。与此同时，不

1　约翰·拉斯金（John Ruskin，1819—1900），英国作家、艺术家、艺术评论家，也是哲学家、教师和业余的地质学家。1843年，他因《现代画家》（*Modern Painters*）一书而成名，此书以及其后的写作总计39卷，使他成为维多利亚时代艺术趣味的代言人。

2　威廉·莫里斯（William Morris，1834—1896），19世纪英国设计师、诗人、早期社会主义活动家、自学成才的工匠。他设计、监制或亲手制造的家具、纺织品、花窗玻璃、壁纸以及其他各类装饰品引发了工艺美术运动，一改维多利亚时代以来的流行品位。

3　阿尔弗雷德·雅里（Alfred Jarry，1873—1907），法国著名小说家、剧作家、记者，被视为超现实主义戏剧的鼻祖，欧洲先锋戏剧的先驱，对后世的达达主义、荒诞派戏剧、残酷戏剧都产生了深远的影响。

4　让-保罗·萨特（Jean-Paul Sartre，1905—1980），法国20世纪最重要的哲学家之一，法国无神论存在主义的主要代表人物，西方社会主义最积极的倡导者之一，也是优秀的文学家、戏剧家、评论家和社会活动家。

5　让·热内（Jean Genet，1910—1986），法国作家，他的生平颇为传奇，幼时被父母遗弃，后沦落为小偷，青少年时期几乎全是在流浪、行窃、监狱中度过的，在监狱中创作了小说《鲜花圣母》《玫瑰奇迹》。

那么激进的作家和剧作家也通过同样的指控对他们进行说教。乔伊斯、纪德[1]、普鲁斯特、D.H. 劳伦斯[2]和E.M. 福斯特"揭露"了中产阶级和"他们的"社会，深入探究了阴暗的动机，证明了他们的卑劣无法用语言来形容。

这些叙事艺术几乎完全致力于这类宣传之中。音乐和造型艺术承担起了重担，表达一个精力旺盛的社会无法表达的情感。自20世纪头10年以来，线条、色彩和声音的吸引力已经超过了文字。但是，尽管许多艺术品采用有形实体、颜料或各种旋律使人享受审美的乐趣，体会灵魂的力量，但还有更多的作品——有意或者无意地——再次让观赏者"面对"自己生活中的绝望和混乱。公众对原创性的狂热，艺术家为了在越来越多的天才中脱颖而出的渴望，鼓励了那些雄心勃勃和骄傲自大的人，变本加厉地对公众实施残酷的休克疗法。这不仅意味着放弃表现或者对创作对象进行简单的一步抽象，还意味着更多。首先，艺术被简化为纯粹的感官体验；其次，观赏者被排除在外——人们说绘画只是画家的行为，而且最好是随机行为；最后，艺术家自己也从作品中消失了——要么是这种随机行为所致，要么是因为搜集和展示从工业社会的垃圾堆中扒出来的零碎残余所致。他们谴责人性的沦丧，展示人性的卑劣，并把注意力集中在原材料上——噪音、颜色、线条和单纯作为文字的文字，全用来谴责文明这个理念本身。

因此，"反"这个标签无处不在——反英雄、反传统小说、反艺术。"解构主义"也唱着同样的反调。人们平静地接受了这些标签，认为它们描述了真实的、正确的、进步的东西。这种现象即使不是一个标志，也是一种象征，表明大众普遍参与了破坏文明的工作。考虑到这种深层次的自我憎恨，以及和过去一刀两断的决绝，研究当代文化的学者大胆猜测，当前道德和礼仪方面的随意与其说是普遍混乱的原因，不如说是结果。

在这种情况下，衰颓——走下坡路、崩溃——不仅是可能的，实际上可能性非常大。20世纪的艺术家、知识分子和公共事务专家出色地完成了他们的工作，以致大多数中产阶级——尽管自己年事已高、本性庸俗——对那些想要毁灭他们的人和想要取代他们的阶级深表同情。在伟大的革命中，可以指望受害者（或他们中的一大群人）伸出援手。今天，在整个西方文明中，人们都会看到，身居高位的人肆无忌惮地表达他们的厌恶之情，公开羡慕他们的对手，有时还秘密地资助他们。

但是，这种革新运动并不成熟，并不像这种自相矛盾的心理扭曲展现出的这样简单。在年轻人中，总有一些人在操纵别人的

1　安德烈·纪德（André Gide，1869—1951），法国作家。纪德一生著有小说、剧本、论文、散文、日记、书信多种，主要作品有小说《背德者》《窄门》《田园交响曲》《伪币制造者》等，戏剧《康多尔王》《扫罗》《俄狄浦斯》，散文诗集《人间食粮》，自传《如果种子不死》，游记《刚果之行》《乍得归来》等。

2　戴维·赫伯特·劳伦斯（David Herbert Lawrence，1885—1930），20世纪英国小说家、批评家、诗人、画家。代表作品有《儿子与情人》《虹》《恋爱中的女人》《查泰莱夫人的情人》等。

理想。他们制订好了计划,明确了技术手段,但他们的目标并不明确。在理想主义者中(有时在反叛者自己的心中),对于一切创造新事物的方法总是存在分歧。在欧洲和美国处处可闻的"参与"呼声就表明了这种分歧。"参与"意味着分享权力,但这同时也意味着进入现有体制,加入中产阶级,和他们一起工作。这种做法就算人们能接受,是否真的可行呢?这就像希望参与工厂管理的工人一样,这些满怀热情、迫切希望打入这个圈子的人并不确定答案是什么:独立和责任背道而驰。唯一确定的一点是,新人、新左派、新时代、新浪潮,在艺术、电影、服装上的新呼声,新的行话或者新的道德,这些事物在共同努力,以便加速时间的流逝,使我们更快地遗忘。

如果这些力量没有令人震惊地汇聚在一起,那么讨论社会衰落转折点的性质——有人说,我们已经达到或者越过它了,有人说它已经近在眼前——也就没有了意义;而且我们在闲谈中也不会引用斯宾格勒、汤因比、里恩库特(Riencourt)、皮克曼(Pickman)等人写的书,作为口号、论据了。开化的头脑总是具有自我意识,但在我们这个时代之前,也许还没有人具有如此强烈的自我意识。人们认为,这种敏感来自我们长久的历史记忆,即使这些记忆被尘封也是如此;这种敏感来自我们获得的包罗万象的信息——让我们抽不出时间享受当下,因为当下总是在不断地变成别的东西;这种敏感来自我们的文学和心理学的特质:类似于自省，无情地面对自己的不良动机，对一丁点的沾沾自喜保持警惕；这种敏感来自我们阴郁的科学，它展现出一个没有目的的宇宙，甚至是不和谐的设计；最后，这种敏感来自我们伟大智慧引发的恐惧——对核武器毁灭地球的恐惧、对人口过剩的恐惧、对聚集在一起的敌人的恐惧，以及在日常生活中，对所有疾病、灾难和科技不断导致并发出警告的危险的恐惧。

所有这些都会伤害我们敏感的自我意识，是公众希望破灭的一个原因。作为一种历史规律，我们可以大胆推测，就如同某些特定运动的成功一样，创新时代出现在许多人头脑中的希望——也就是可能性愿景——栩栩如生的时候，出现在所有人都清楚地看到，有可能建成某件东西的时候。这时，面前的障碍和反对的声音只是催人奋进的动力。山顶上那无与伦比的风景则是这场艰苦攀登的回报。这是18世纪鼎盛时期天才们的感受，在浪漫主义和自由主义遍地开花的时代，又一次出现。在经历了19世纪末的倦怠后，从20世纪开始，这种感觉又回来了。立体派（Cubist）风行的那10年出现了各种模式的伟大创新者。然后就是1914—1918年的四年战争[1]。这是一场大灾难，不仅从地球上带走了无数的年轻才俊，而且向西方世界表明，这个社会无法保护文明不受自身愚蠢或者邪恶冲动的侵害。

西方世界的精神从未真正从那场浩劫中恢复过来。最近，学

---

[1] 此处指的是第一次世界大战。

术界发现，半个世纪以来，我们一直生活在战前 20 年（1895—1914）产生的思想上。在科学、艺术、技术、哲学、社会和政治思想方面，所有的新原则都已提出：从航空、无线电、电影，到抽象艺术、城市规划、审美趣味的兼具性、量子物理和遗传学、相对论以及精神分析。我们现在做的只是细化这些学说，或者在可能的时候，试图避开它们回到早期的模式，但大多徒劳无功。现在的问题是，我们如今目睹的这些事是否正在为重新觉醒的、没有理性基础的、本能的动物信仰清理场地，为创造做梦也想不到的新事物搭建平台？还是说正好相反，我们阴郁的行为只是徒劳地延续了恶性循环？

正如那位诗人说的那样，在我们"等待证实或者等待厄运"的时候，我们可以自己总结和盘点这些情况。毫无疑问，在谈到文明的保护壳或者文明的载体——国家——时，我们所有的努力都倾向于反对集中，支持解体。我们的渴望和行动一致，把我们推向一个小的、自给自足的单元，在那里，我们可以"自由自在"。这可能是对未来时代一种明智的、无意识的准备，准备在核战争消灭大部分人口之后，幸存者必须像古罗马晚期那样，生活在偏远孤立的"别墅"（也就是定居点）中。在那种情况下，许多人刻意培养的极简生活方式，标志着他们拥有非凡的先见之明。

但是，逃离无所不在、控制严密的组织，逃离无形之手的遥远统治，和几个朋友挤在一起哀叹自己的命运或者抗议它的不公，这种想法也有可能受到阻碍。无政府状态太过分的时候，也会被镇压。这种逆转会带来最冷酷无情的清教主义。现在谴责西方国家是警察国家的那些艺术家、自由思想者和自由恋人，将在集中营中怀念过去的美好时光。不管出现哪种情况，当前权力当局的失败都是时代衰颓的主要临床症状。它告诉我们，在如何共处、共生这一极为重要的问题上，当今世界还没有找到新的答案，一个也没有。

下一个有助于诊断的临床症状是道德和宗教问题。道德——和宗教一样——有两个作用：一方面满足情感需要，一方面服务公共机构。如果缺乏道德，缺少了某些内在的约束，那么社会对每个公民都必须委派两名警察不分昼夜地进行监督。同样，如果没有宗教来组织、理顺生活和宇宙中的各种事实，人们就会徒劳地寻找自身存在的意义。并不是所有人都能在艺术或科学中找到替代品，证明自己存在的意义；而纯粹的、从不反思的野心或者一门心思的享乐主义非常罕见，需要特殊的天赋。如果失去了外在目标，大众就会转向民族战争或者种族仇恨，以寻求人类精神所需要的那种共同牺牲的荣光和勇于超越的召唤。在当今世界上，西方精神对这些问题同样处于失语状态。比起精妙的哲学或者美学上的虔诚，面向大众的宗教复兴运动只是多俘获了少数几个灵魂而已，它为党派仇恨的七宗罪留下了一片玩耍的空间。至于在一个过度拥挤的世界里，通过礼仪应该体现出什么样的基本行为规范，这个问题我们甚至还没有开始思考。我们只是漫不经心地陷入了随意的风格之中，而这种风格发展到极端，会使人转而厌恶自己的同胞。

经过再次考虑，似乎更有理由把我们的自满建立在艺术和科学上。在我们这个时代，两者都获得了极大的声望和支持，只有从事这两种工作的人才算得上令人钦佩的领导者。从表面上看，艺术和科学蓬勃发展，似乎证明这是一个"健康的社会"。"健康"这个比喻会把人引入歧途——一个健康的恶性肿瘤照样会杀死患者。艺术虽不是恶性肿瘤，但它们要么充满敌意，要么面目模糊。它们想唤醒那些洋洋自得的人，它们成功了。但是这一课究竟要上多久呢？没完没了的上课对艺术家本人有什么影响呢？对灾难的预知和想象是一种天赋，但灾难过后又是什么呢？女预言家卡珊德拉[1]的工作随着她的成功而终结。关于当代艺术，一个令人高兴的说法是，它们正在下一盘大棋，要把我们从所有感觉、视觉和思考的旧有模式中解放出来，为不可名状的新模式做好准备。

科学对这些也没有全面的论述。而且，它自身也没有做到有效的整合和协调。专业数量激增，每个专业都有一套自己的术语，都有一套自己的发现。它们无法融合在一起，解决大问题。"科学永无止境"，这话已经成为一句自豪之语。如果这是真的，那么科学就不像它的奠基人期望和承诺的那样，它永远不会是一座即将竣工、坚实可靠的知识大厦。相反，它是一种少数人沉迷其中的有趣活动，它永远无法给它的赞助人——文明——提供一个适合沉思的宇宙。

对于受过教育的人来讲，甚至没有一种包罗万象的思辨哲学支持他们的心灵。伦理学和形而上学已不再是有自尊的哲学家思考的主题了。半个多世纪以来，专业思想者们喜欢分析语言，尝试量化直觉，或者找出科学的基本原理。哲学的近邻——心理学和神学——同样对聪明的门外汉不闻不问，任凭他们陷入大量的神话和隐喻，陷入"个人陈述"和社会科学研究的包围中：邬斯宾斯基[2]和金赛博士[3]之间没有任何和解的可能。至于普通人，他们比以往任何时候都更容易受到自己迷信嗜好的摆布。机器被广告驯化并赋予诗意，为超自然的神话提供平台，占星术使报纸变得生动活泼，不明飞行物占据着天空。

可以肯定的是，科学已经和技术融合在一起，并且忠实地提供服务。从事这项工作的人对未来充满热情，因为技术可以创造繁荣，补充或者弥补自然物品的供应不足。但其中也有困惑，最

---

1 卡珊德拉（Cassandra）是希腊、罗马神话中特洛伊（Troy）的公主，阿波罗（Apollo）的祭司。因神蛇以舌为她洗耳或阿波罗的赐予而有预言能力，又因抗拒阿波罗，预言不被人相信。卡珊德拉预言了特洛伊战争；但特洛伊战争后，她被阿伽门农（Agamemnon）俘虏，并遭杀害。

2 彼得·邬斯宾斯基（Peter D.Ouspensky, 1878—1947），神童，六岁左右就已阅读成人的书籍；十二岁以前已探究过诗、画和自然科学。青少年时期决定不读大学，在欧洲游历，研究数学、生物学和心理学、隐微论（Esotericism）等。

3 阿尔弗雷德·金赛（Alfred Kinsey, 1894—1956），美国生物学家及性学家，在大学和科研机构做学问，被认为是20世纪中最具影响力的人物之一。

大的困惑就是，如何分配这些产品。欧洲经济共同体是西方在平衡国际贸易方面走得最远的尝试。在各个国家内部，国家被经济问题引发的政治纷争困住了手脚，而经济被人的行为方式困住了手脚。这一切都不是出于恶意或者冷漠；只是，这些恶果在不停地折磨那些负有使命、执行永无止境的计划和程序、期望拯救这个悲惨世界的人。

随着20世纪最后10年的到来，我们发现社会和知识阶层都有一种逃跑或破坏的冲动。观察者发现，自己仿佛回到了圣·奥古斯丁那个充满恐惧和愤怒的时代，回到了一群聒噪的先知、术士，受骗的信众或多疑的讽刺作家所处的那个时代。如果这还算不上一个文明走上绝路的明证，起码看起来非常像。

还有一个问题：如果上面的描述是正确的，如果我们快走到头了，走上了一条通向荒原的大道，那么可预见到的停顿和转折的规模会有多大？提出这个问题，就是要让观察者超出自身局限去观察。他可以有把握地说，我们现在看到的是比18世纪末新古典主义终结时更波澜壮阔的时刻。现在正在消亡的是文艺复兴时期的个人主义和高雅艺术，是宗教改革的激情，是自由主义的希望，是对自由的热情和对国家、民族的热爱。但它终结的是否不止这500年的辉煌呢？它是否类似古罗马帝国的衰亡、非基督教信仰的灭亡，以及在原始和岌岌可危的基督教下蛮族的混乱呢？

还是说，它会带来第三种现象？那些精力充沛、无忧无虑的野蛮人在哪里？那些英雄的主教和传道士在哪里？许多自称"新"的运动，除了成员是新的以外，其实并不新。他们还在砸烂那些旧建筑。我们需要的是真正的少壮派（Young Turks）的阳谋。他们不理会分析报告和批评家的声音，去彻底改造一些理念——比如关于大学的理念，展示大学还能做些什么。那些意识到官僚主义不可避免的人，会重新思考管理艺术，并使官僚机构重新发挥作用。而当重建的活力赋予一切生机的时候，精美艺术自然会反映出来，呈现出新的面貌。公众因此振奋，欢欣鼓舞地开始新生活。

但是——对我们最后的安慰就是——只要人类一息尚存，文明及其一切成果的种子就还在。我们的文明不等于一切文明。不管是现在还是其他任何时候，重建国家和文化是我们本性中不可分割的一部分，比渴望和哀叹更配得上我们。

文献注记

本书中有些章曾经以略为不同的方式，在其他刊物中出现过：

"文化：曲高和寡"曾以"学术与文化"（Scholarship versus Culture）为题，刊登在《大西洋月刊》（*The Atlantic*）（1984年11月）上；

"无解的难题：为艺术提供资助"曾以"无解的难题：艺术赞助"（The Insoluble Problem: The Patronage of Art）为题，刊登在《美国哲学学会会刊》（*Proceedings of the American Philosophical Society*）131，No.2（1987）上；

"查询！核实！"曾刊登在《美国学者》（*American Scholar*）（1986年秋季刊）上；

"历史在何处？"曾刊登在《马萨诸塞历史学会学报》（*Proceedings of the Massachusetts Historical Society*）第95期（1983年）上；

"批评家有什么用？"曾以"批评家的作用是什么？"（What Are Critics Good For?）为题，成为年度人文讲座（Annual Humanities Lecture）的内容（1988年1月25日于纽约州纽约市第92街）；

"时间、地点都要考虑"曾以"批评家、公众与历史感"（The Critic, the Public, and the Sense of the Past）为题，刊登在《杂论》（*Salmagundi*）（1985年秋季—1986年冬季）上；

"渐渐'退场'的人文科学"曾以"人文科学的现状"（This Business of the Humanities）为题，载于《雅克·巴尔赞三讲》（*Three Talks by Jacques Barzun*）（北肯塔基大学，1980年）中；

"过剩的艺术"曾以"过量的艺术"（A Surfeit of Art）为题，刊登于《哈勃周刊》（*Harper's Magazine*）（1986年6月）上；

"单一原因谬误"曾以"沃尔特·普雷斯科特·韦布与历史的命运"（Walter Prescott Webb and the Fate of History）为题，刊载于《沃尔特·普雷斯科特·韦布与历史教学论文集》（*Walter Prescott Webb and the Teaching of History*）［丹尼斯·莱茵哈茨（Dennis Reinhartz）、斯蒂芬·E.迈兹利什（Stephen E. Maizlish）合编，得克萨斯州大学城：得克萨斯农工大学出版社（Texas A & M University Press），1985年］，并经过得克萨斯大学阿灵顿分校沃尔特·普雷斯科特·韦布纪念讲座授权使用；

"为败坏语言颁发许可证"曾以"修辞学与对错：语言科学中的若干谬误"（Rhetoric and Rightness: Some Fallacies in a Science of Language）为题，刊载于《创造文字：20世纪80年代英语教学国际会议论文选》（*Creating Word: Papers from an International Conference on the Learning and Teaching of English in the 1980s*）［帕特里夏·德默斯（Patricia Demers）主编，伦敦：麦克米伦出版社（Macmillan），阿尔伯塔：阿尔伯塔大学出版社（The University of Alberta Press），1986年］；

"面向21世纪"曾以"文化的现状"（The State of Culture Today）为题，刊载于《哥伦比亚世界史》（*The Columbia History of the World*）第三卷［彼得·盖伊（Peter Gay）、约翰·A.加拉特（John A. Garraty）合编，纽约：哈勃与罗出版社（Harper & Row），1972年］，该书于1972年由哈勃与罗出版社获得版权。